EDITORIAL

Freiheiten machen Amsterdam zur Stadt von Welt. Rein äußerlich fehlt der Hauptstadt einiges zur Metropole: Gerade 735 000 Einwohner, nicht berühmt für aufstrebende Wolkenkratzer, sondern für festliegende Hausboote.

Größe ist in Amsterdam Einstellungssache: *Moet kunnen,* „Das geht schon" – tolerantes Denken ist das geistige Fundament der Stadt. Hier heiratete erstmals in Europa ein homosexuelles Paar, Gesetze gelten als Regeln mit Spielraum, die letzten Hippies halten noch immer ein paar Häuser besetzt.

Die Stadt zieht Abenteurer, Kreative und Unternehmer an. Heute wie vor 400 Jahren. Im Goldenen 17. Jahrhundert war Amsterdam das Zentrum der Welt. Einwanderer aus ganz Europa sammelten sich am Rande des Grachtengürtels, um als Handwerker, Arbeiter, Künstler am Wohlstand der Stadt teilzuhaben.

Noch immer ziehen Menschen aus aller Welt in die Stadt, in wenigen Jahren wird die Hälfte der Bevölkerung farbig sein. Die multikulturelle Gesellschaft funktioniert, wenn auch nicht ohne Schwierigkeiten.

Probleme geht man mit Pragmatismus an – und mit der Lust auf Neues: Weil die Stadt aus allen Nähten platzte, wurde der alte Hafen zum Experimentierfeld für Avantgarde-Architekten. Geniale Baukunst entstand, modern nach Amsterdamer Tradition.

Ihre

Kathrin Sander, Redakteurin der Amsterdam-Ausgabe

Mit MERIAN gewinnen!

In Kooperation mit der Fluggesellschaft KLM Royal Dutch Airlines, dem Hotel Vondel und dem Niederländischen Büro für Tourismus verlost MERIAN ein Wochenende für zwei Personen in Amsterdam. Die Gewinner erhalten zudem eine individuelle Stadtführung von Reinhold Bertlein, MERIAN-Autor und Fremdenführer. Preisfragen unter: **www.merian.de**

Die aufgeführten Ausstattungen sind zum Teil gegen Mehrpreis erhältlich.

WEGFAHRSPERRE.
WIR MÖCHTEN EINE ARMATURENTAFEL
AUS NUSSBAUM-WURZELHOLZ UND GRÜN GETÖNTE SEITENSCHEIBEN.
IHRE HÄNDE SAGEN: WIR MÖCHTEN EIN 3-SPEICHEN-LENKRAD, EINEN
SCHALTHEBELKNAUF UND EINEN HANDBREMSGRIFF IN LEDER.
IHR RÜCKEN SAGT: ICH MÖCHTE KOMFORTSITZE MIT
HÖHENEINSTELLUNG UND LENDENWIRBELSTÜTZE.
IHR GEWISSEN SAGT: WENN ICH EIGENTLICH GAR KEIN
NEUES AUTO BRAUCHE, WARUM WILL
ICH PLÖTZLICH UNBEDINGT EINES?

INHALT

STANDPUNKTE

SCHAUPLÄTZE

SCHÖNER LEBEN

18 Ganz entspannt am Grachtenrand: Amsterdam nimmt das Leben

80 Grün, weit, flach: Mit dem Rad durch Hollands Norden, von Horizont zu Horizont

70 Integration als Kinderspiel: In Bijlmermeer wohnen Menschen aus über hundert Nationen

locker – auch wenn der Ruf nach Ordnung lauter wird

36 Baukunst auf Borneo: Junge Architekten gaben dem alten Hafen ein frisches Gesicht

SCHICKSALE

RUBRIKEN

Titel: Peter Rigaud fotografierte den Montelbaans-Turm und das Café Rosario in der Peperstraat

54 Von meisterlicher Hand: Detail aus Rembrandts Werk „Isaak und Rebekka“

MERIAN-SERVICE-MAGAZIN

Texte: Reinhold F. Bertlein

Fotograf Pol

Prostituierte Marilyn, Autor Stazol

Autor Teuwsen

Fotografin Schlösser

Autor Nooteboom

Fotograf **Andri Pol** (Foto) hatte sich mit dem Soziologen Abram de Swaan für ein Porträt verabredet, doch der Professor verspätete sich. Pol musste nicht lange warten, ein Nachbar lud ihn spontan zu sich ein – für den Schweizer ein Beweis für die unkomplizierte Freundlichkeit der Amsterdamer. Auch die Einkaufsmöglichkeiten begeisterten Pol: Im Geschäft für antike Brillenmode testete er ein extravagantes Elvis-Modell (Seite 51).

Autor **Christian Litz** ging für MERIAN auf einen Shopping-Trip der besonderen Art: Er verzehrte das erste Mal in seinem Leben einen berauschenden Pilz. Es wird wohl der einzige Magic Mushroom bleiben, denn der Selbstversuch überzeugte Litz keineswegs. Er spürte nichts (Seite 46).

Reporter **Harald Stazol** zog alle Aufmerksamkeit auf sich, als er mit der Prostituierten Marilyn im Arm durchs nächtliche Rotlichtviertel spazierte (Foto). Die Freier pfiffen, und der Hamburger fühlte sich wie ein schwerer Junge, der sein leichtes Mädchen zur Arbeit bringt. Marilyns Kleidung löste bei einigen Passanten spontanen Beifall aus. Sie selbst fand das nur verständlich – der Dress sei schließlich ein selbst entworfenes Einzelstück (Seite 104).

Als ideale Verbindung von mediterraner Gelassenheit und nördlicher Effizienz empfand Autor **Peer Teuwsen** (Foto) die Amsterdamer Mentalität. Die Sehnsucht nach Geborgenheit und Übersichtlichkeit paare sich mit Modernität und Offenheit, so der stellvertretende Chefredakteur des *Magazins* des Züricher *Tagesanzeigers*. Gesellschaftliche Probleme würden mit einer Leidenschaft diskutiert, die er sonst nie erlebt habe. Amsterdam sei für ihn „eine Polis wie einst Athen" (Seite 30).

Zwei volle Tage brauchte Autor **Andreas Molitor,** um in Nordholland ein Fahrrad zu mieten. Es war Oktober, Ende der Saison, die Leihräder entweder defekt oder verkauft. Schließlich erfuhr der Rheinländer das flache Idyll zwischen IJsselmeer und Nordsee mit einer robusten Hollandschaukel (Seite 80). Sein Fazit: gern nochmal, aber auf dem eigenen Rad.

Vor mehr als 20 Jahren hat der in Den Haag geborene Schriftsteller **Cees Nooteboom** (Foto) die Hauptstadt der Niederlande zu seiner Heimat gemacht. Als er von den Planungen für ein neues MERIAN-Heft Amsterdam hörte, schlug er natürlich den Jordaan als Thema vor, denn das alte Arbeiterquartier, ganz in der Nähe seiner Wohnung, zeichne sich durch eigenwillige Herzlichkeit aus (Seite 90). Fotografin **Jordis Schlösser** (Foto) konnte das bei ihrer Arbeit vor Ort nur bestätigen. Immer wieder wurde sie von den Jordaanern eingeladen, aufs Hausboot oder in ein *bruin café,* eine der typischen gemütlichen Wohnzimmer-Kneipen des Viertels.

Geschichte

Farbenfroh

Seit 450 Jahren ist Orange ein Erfolgssymbol. Wilhelm von Oranien-Nassau – zu seinen Liegenschaften gehörte auch das französische Städtchen Orange – verhalf der Farbe zum Ruhm, als er sie im Banner an die Spitze der Protestbewegung gegen die Katholiken führte. In der niederländischen Flagge wurde Orange 1640 durch Rot ersetzt, um sie im Nebel besser sichtbar zu machen. Dass die Vorliebe bis heute hält, mag auch psychologische Gründe haben. Goethe folgerte in seiner Farbenlehre, Orange berge höchste Energie. Es sei kein Wunder, dass „gesunde, rohe Menschen sich besonders an dieser Farbe erfreuen".

Geburtstag

Eine königliche Party

Das ganze Land schwelgt in Orange, wenn die Niederländer den Geburtstag ihrer Königin feiern – mit Jahrmärkten, Umzügen, viel Bier und viel Musik. Am 30. April ist *koninginnedag*, drei Monate zu spät, Beatrix wurde am 31. Januar geboren, doch zu Ehren ihrer Mutter Juliana behielt die Königin bei ihrem Amtsantritt 1980 deren Geburtstag als Nationalfeiertag bei. In Amsterdam ist der Festtag nicht nur Party, sondern auch Geschäft. Auf dem *vrijmarkt,* dem „freien Markt", darf jeder Amsterdamer seinen Stand aufbauen und verkaufen, was er will.

Verkaufsschlager Maxima-Puppe: Ähnlichkeit ist Ansichtssache

Geschäfte

Maximania

Prinzessin Máxima hat ihren festen Platz in den Herzen der Niederländer. Und in ihren Geschäften. Findige Unternehmer ließen den Namen der gebürtigen Argentinierin in 44 Bereichen als Markenzeichen eintragen. Die Frau an der Seite von Prinz Willem-Alexander ist Vorbild für die Puppe im Brautkleid und damit ein Statussymbol im Kinderzimmer, sie strahlt auf Kaffeetassen und Bierdeckeln, ihr Name ist Label für Mode und Parfum. Maxima-Bonbons versüßen das Leben, Maxima-Schlankheitstropfen helfen bei der Diät.

735 000 Einwohner, **1281** Brücken, **6** Windmühlen, **22** Rembrandt-Gemälde im Rijksmuseum, **600 000** Blumenzwiebeln in Parks und Grünanlagen, **1,3 Millionen** Besucher pro Jahr im Van-Gogh-Museum, **1400** Kneipen und Cafés

Im FinanzVerbund der Volksbanken Raiffeisenbanken

Fahrrad im Vorteil Buckeln und treten

Über 730 000 Fahrräder zählt Amsterdam, fast eins pro Einwohner. Wer radelt, ist in der engen Innenstadt schneller und wendiger als mit dem Auto. Im „Park+Bike“ am Olympiastadion bekommt man für knapp 6 € leihweise ein oder zwei *fietsen*, wenn das Auto dort abgestellt wird. Samt Schloss, denn Fahrräder sind in der Hauptstadt äußerst begehrt: Rund jedes sechste wird gestohlen.

Blumen unterm Hammer

Blühende Ware

18 Millionen Blumen wechseln jeden Morgen in Aalsmeer den Besitzer. Bei der weltgrößten Blumenauktion wird nach holländischer Methode versteigert: 13 Auktionsuhren zeigen Anbieter, Preis, Blumenart und Menge, die Preisanzeige läuft so lange rückwärts, bis ein Käufer zuschlägt. Die *Bloemen veiling Aalsmeer* ist für Besucher Mo-Fr von 7.30 bis 11 Uhr geöffnet, versteigert wird bis etwa 9.30 Uhr (Bus 172 ab Amsterdam Hauptbahnhof, knapp 60 Minuten Fahrt).

Pantinen auf dem Prüfstand

Klompen-Test

Plötzlich schien er nicht mehr sicher, europäische Standardisierungswut brachte den niederländischen Holzschuh ins Prüf-Labor: 150 Grad Celsius, ein Wasserbad und der Schlag mit einem 75 Kilo-Hammer – er bestand alle Tests. Jetzt wird der aus einem Stück Weiden- oder Pappelholz geschnitzte *klompen* EU-weit als Arbeitsschuh empfohlen. Zu haben bei Bruno Jonker in der Woodenshoe Factory (siehe Magazin, S.130).

Günstige Gelegenheiten

Amsterdam umsonst

- **Schützengalerie des Amsterdam Historisch Museum:** 15 Gemälde Amsterdamer Schützengilden aus dem 17. Jahrhundert in einer überdachten Gasse. Eingang neben dem Museum, Kalverstraat 92
- **Begijnhof:** Das schönste und berühmteste *hofje* der Stadt, im 14. Jahrhundert als Refugium für fromme Frauen erbaut und noch immer bewohnt. Haupteingang am Spui
- **Hollandsche Manege:** Die königliche Reitschule residiert seit 1882 am Vondelpark, das stilvolle Interieur wurde kaum verändert, Vondelstraat 140
- **Garten des Rijksmuseums:** Interessante Statuensamlung mit dem bekannten Fragmentgebouw, ein Konstrukt aus Wandpfeilern, Giebelsteinen, Löwenmasken und Blumenreliefs, zusammengestellt aus abgerissenen Denkmälern, Di-Sa 10-17, So 13-17 Uhr
- **Zuiderkerk:** Gut konzipierte Ausstellung zur Stadtentwicklung Amsterdams in der ersten protestantischen Kirche des Landes, Zuiderkerkhof 72, Mo-Fr 12-17, Do 12-20 Uhr
- **Blick von oben:** Aussicht auf das Altstadt-Panorama aus dem verglasten Turm des Café Kalvertoren, Winkelcentrum Kalvertoren, Singel 457

Über **100** Kreuzfahrtschiffe pro Jahr, **206** Gemälde van Goghs, **40** Konzerte und Theatervorstellungen pro Tag, **24** Diamantenschleifereien, **42** Museen, **28** Parks, **21** Märkte, **4,5** Meter unter Normal Null liegt der Flughafen Schiphol

Kunst im öffentlichen Raum

Die Stadt als Galerie

Graue Transformatorhäuschen brauchen kreative Energie – befand der Amsterdamer Fonds für die Kunst (www.afk.nl) und beauftragte zehn Künstler und Designer, die Stromposten neu zu gestalten. Kunst gehört nicht nur ins Museum, so die Maxime des AFK, sie muss von Menschen benutzt und erfahren werden. Rund 45 Projekte werden deshalb pro Jahr als „Kunst im öffentlichen Raum" initiiert. Die holländische Liebe zum Kompromiss prägt auch den Umgang mit der Kunst: Welches Werk wo realisiert wird, entscheiden städtische Berater, Architekten, Grundbesitzer und die beauftragten Künstler gemeinsam. Ein Verfahren, das anderswo oft zu Lösungen von schalem Mittelmaß führt, hat hier Erfolg: Der Großteil der Werke wird von Kritikern wie vom Amsterdamer Publikum gleichermaßen geschätzt.

Elektrisierender Blickfang: Arjen Veldt gestaltete das Transformatorenhäuschen am Hendrik Jonkersplein

Natur als Sinnbild: Fotoinstallation von Marjan Laaper im Aufzug des Amsterdamer Rathauses (links). Im Keller sind die fragilen Wurzeln von Eichen- und Buchen-Keimlingen zu sehen, in den höheren Stockwerken Stiel und Blätter. Den Buikslotermeerplein in Amsterdam-Noord (unten) gestaltete Barbara Broekman

160 Grachten, **2500** Hausboote, **400** Jahre Vereinigte Ostindische Compagnie, **260** Straßenbahnen, **2** Universitäten, **6800** Gebäude aus dem 16., 17. und 18. Jahrhundert, **141** Galerien, **165** Antiquitätengeschäfte, **1** königlicher Palast

S&J
www.tui-vital.de
Es gibt ein neues Zeichen für *„Ich fühl mich wohl"*.
feel
TUI

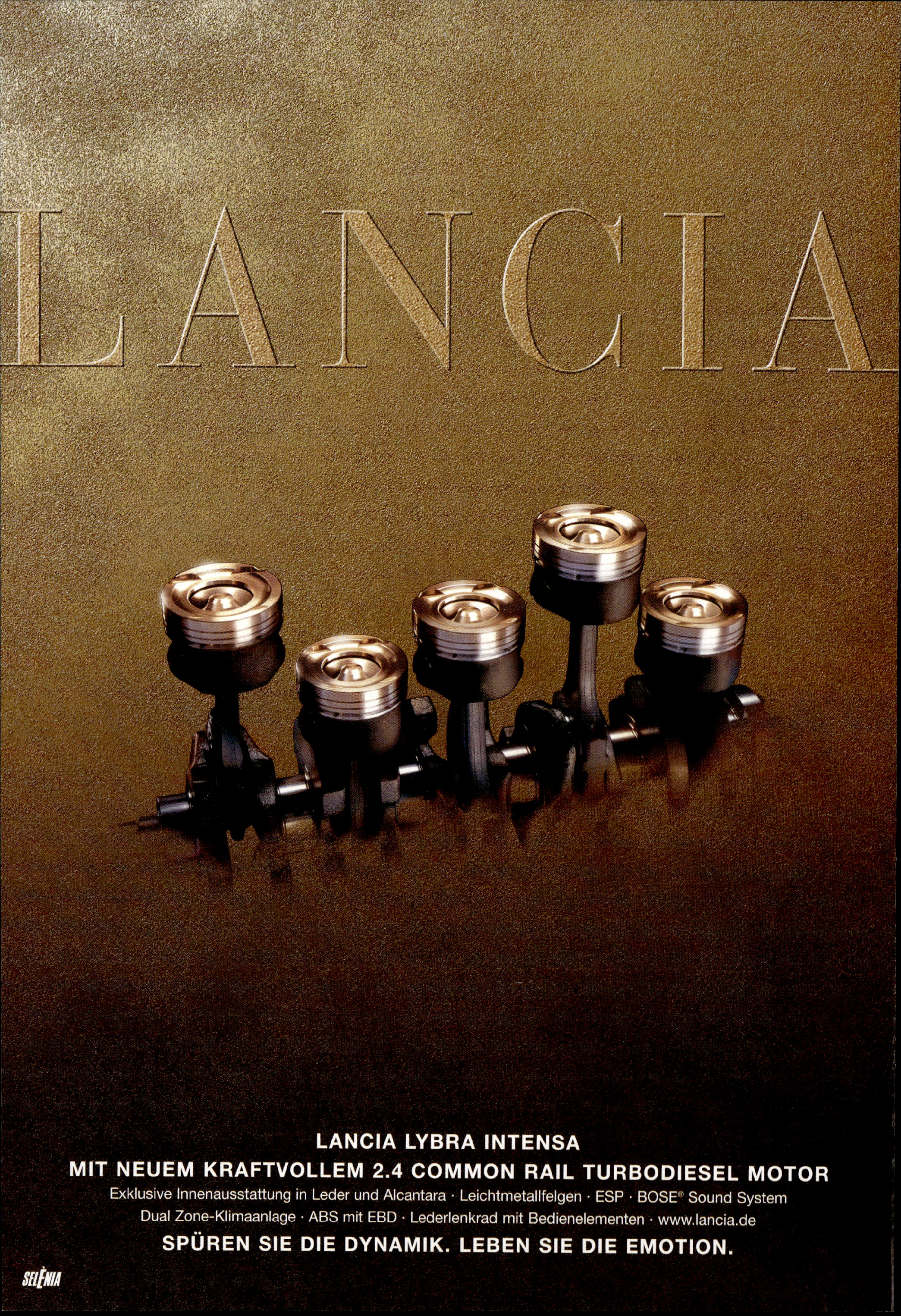
LANCIA
LANCIA LYBRA INTENSA
MIT NEUEM KRAFTVOLLEM 2.4 COMMON RAIL TURBODIESEL MOTOR
Exklusive Innenausstattung in Leder und Alcantara · Leichtmetallfelgen · ESP · BOSE® Sound System
Dual Zone-Klimaanlage · ABS mit EBD · Lederlenkrad mit Bedienelementen · www.lancia.de
SPÜREN SIE DIE DYNAMIK. LEBEN SIE DIE EMOTION.

LANCIA

EXCLUSIVE EDITION

LANCIA

Holland im Lot: Boote auf der Binnenamstel, überragt vom Turm der Zuiderkerk. Sie war die erste Kirche der Calvinisten, ihr Entwurf galt auch als Programm: nicht protzig, aber edel

Die große Freiheit

Amsterdam hat sich schon immer viel erlaubt: Gemütlichkeit trotz harter Geschäfte, Gesetze mit Spielraum, ab und zu einen Joint. Der Ruf nach Recht und Ordnung wird jetzt lauter. Die Seele der Stadt berührt das kaum. Toleranz ist ihr Glück und ihr Schicksal zugleich

Text: Peer Teuwsen, Fotos: Wilfried Bauer

Foto: Siebe Swart

Wie der Bug eines Containerschiffes ragt das New Metropolis Museum ins Hafenbecken. Der Entwurf von Renzo Piano ist auch unter der Wasserlinie spektakulär: Die Einfahrt zum IJ-Tunnel verläuft mitten durch den Bau

Die **Seefahrt** machte Amsterdam einst zum Zentrum einer Weltmacht. Heute entdeckt die Stadt ihren Hafen wieder, als Neuland für große Architektur

Junges Leben vor altem Meister: Der Park am Rembrandtplein ist die Spielwiese im Herzen von Amsterdam. Rembrandts Statue schaut in Richtung des Jüdischen Viertels. Dort lebte der Maler, bevor ihn Armut zum Umzug zwang

Großen **Vorbildern** liegt man zu Füßen, wenn es dem eigenen Wohlergehen dient. Auf dem Grün rund ums Rembrandt-Denkmal entspannt sich die Stadt

Im Jordaan-Viertel wird *gezelligheid* gelebt, eine Daseinsform, die typisch ist für diese Stadt: *Gezellig* ist, wer immer Zeit für eine Pause hat, etwa für ein Pils in der Tuinstraat

Eine Stadt mit vielen **Ansichten**. Mal Grachtenromantik, mal Szenetreff, mal Drogenmekka. Die Stimmung bleibt die gleiche: gelassen und offen für alle

Strandersatz mit Stufen: Das „Amsterdam Plage“ auf dem Dach des New Metropolis Museum

Sein *fiets* bringt den Amsterdamer voran. Die Stadt zählt fast so viele Fahrräder wie Menschen – über 700 000

Foto: Jordis Schlösser

Die **Eleganz** der Herrenhäuser liegt im Detail. Giebel und Simse erzählen vom Reichtum der Bauherren, scheinbar bescheiden und doch strotzend vor Stolz

Das Bartolotti-Haus an der Herengracht beherbergt heute das Theatermuseum. Schon der erste Eigentümer setzte sich gerne in Szene: Bierbrauer Willem van der Heuvel taufte sich à la mode ins Italienische um. Als Guglielmo Bartolotti gab er dem Haus seinen Namen

Späte Ehre: Mehr als 80 Jahre nach dem Tod Vincent van Goghs fanden sich die Niederlande schließlich zum Bau eines Museums bereit. 1973 eröffnet, besitzt das Haus heute 200 Gemälde, 580 Zeichnungen und 750 Briefe van Goghs

Eine **Hauptstadt**, dem Fortschritt ergeben, glücklich und ein wenig verzweifelt

Regen peitscht über den Damrak, der vom Bahnhof ins Zentrum Amsterdams führt. Ich bin in diese sonst so schöne Stadt gekommen, weil sie das Herzstück des angeblich fortschrittlichsten Landes der Welt ist. Ich möchte herausfinden, wie eine Gesellschaft funktioniert, die ihre eigene Toleranz in Schlagern besingt und als Touristenattraktion verkauft. In der Übersetzung klingt das etwa so: „15 Millionen Menschen / Auf diesem kleinen Stückchen Erde / Denen schreibt man keine Gesetze vor / Denen lässt man ihre Würde". Dieser Schlager der Gruppe Fluitsma & van Tijn stand 1999 wochenlang auf Nummer eins der niederländischen Hitparade.

Viele Tatsachen belegen, dass es im Polderland anders zugeht als im Rest der Welt: Zum Beispiel wird in den Niederlanden der Konsum weicher Drogen geduldet, in den so genannten Coffeeshops kann man in Ruhe sein Cannabis rauchen. Abtreibung ist bis zur 22. Woche problemlos möglich, Verhütungsmittel werden von den Krankenkassen bezahlt. Homosexuelle können seit dem 1. April 2001 heiraten und auch Kinder adoptieren, sofern es niederländische sind.

Das Ausland bewundert die Niederlande für eine Politik, der es gelungen ist, die Arbeitslosenquote von 14 Prozent auf heute rund vier Prozent zu senken. Das Erfolgsrezept: rigorose sozialpolitische Maßnahmen – Deregulierung der Wirtschaft und Flexibilisierung des Arbeitsmarktes – dank einer konzertierten Aktion aller wichtigen gesellschaftlichen Kräfte. Man sprach vom „Holländischen Wunder". Und zu guter Letzt bezeichnen sich Umfragen zufolge knapp 80 Prozent der Einwohner im Polderland als glücklich. Einer dieser glücklichen Niederländer heißt Abram de Swaan, ist 60 Jahre alt und ein berühmter Professor für Soziologie an der Universität in Amsterdam. Er empfängt mich an diesem nasskalten Tag in seiner Wohnung auf den Eilanden, einem neu geschaffenen Flecken Erde, den die Amsterdamer dem Meer entrissen haben. Schweizer Architekten haben hier eine feste Burg gebaut, aus Tausenden von loftartigen Wohnungen, in denen sich nun vor allem junge, glückliche, niederländische Doppelverdiener und Singles einquartiert haben.

Der Wind, der von der Nordsee kommt, pfeift um die Fensterfronten des Apartments, in das de Swaan gerade erst eingezogen ist. Er lässt sich in den Sessel fallen, zündet sich einen Zigarillo an und erklärt: „Wenn ich sage, ich sei ein glücklicher Niederländer, dann meine ich auch immer, ich bin ein naiver Niederländer. Das war das Erfolgskonzept dieses Landes: Man lässt den anderen so

Fotos: Jan Boeve, Jurjen Drenth

Der Damrak zwischen Damplatz und Bahnhof: einst Kanal, dann Binnenhafen, heute Boulevard der breiten Masse

Geht ein **Paradies** verloren? Das Land der bunten Tulpen und der netten Menschen sucht 8000 neue Polizisten

lange in Ruhe machen, bis er einen betrügt. Da spielt eine gewisse Sorglosigkeit mit. Die Niederländer betrachten die Demokratie wie das Wetter: Es ist einfach da."

Abram de Swaan berichtet, wie die Niederländer ihr Land dem Sumpf entrissen, wie sie dabei einen Gemeinschaftssinn entwickelten, der allerdings auch den Zwang zur Mittelmäßigkeit bedingte: „Hier darf sich keiner über den anderen erheben. Es gibt keinen sichtbaren Luxus. In Amsterdam sieht man keine 100 000-Dollar-Uhr in den Schaufenstern, und die Herrenhäuser an den Grachten sind klein. Der Reichtum ist versteckt. Wir sind eine Nation von Händlern, das heißt, wir sind um des Geschäftes willen vordergründig tolerant, pragmatisch und bescheiden. Natürlich sind die Niederlande eng, langweilig und spießig, aber wir lieben es so. Wir mögen es, wenn unser Ministerpräsident Wim Kok einen Ford Capri fährt, in einem Reihenhaus wohnt und seine Ferien im Zelt verbringt."

Dann steht der Professor auf, wandert mit seinem glimmenden Zigarillo durch die Wohnung, bleibt an einem Fenster stehen und schaut in die anbrechende Nacht hinaus: „Aber ich fürchte, dieses System der Freiheit steht auf wackligen Füßen. In wirtschaftlich schlechten Zeiten kann es leicht kippen. Es verändert sich etwas in diesem Land."

Als ich ins Taxi steige, kommt im Radio die Meldung, in Rotterdam hätten 80 Rechte eine Demonstration veranstaltet. Ihnen gegenüber standen 200 Antifaschisten, überwacht wurde die Veranstaltung von 800 Polizisten.

Es herrscht große Aufregung in den Niederlanden. Eine rechtslastige Protestpartei mit Namen „Leefbaar Nederland" (Lebenswerte Niederlande) tritt erstmals zu den Wahlen an, nach Umfragen wurden ihr bis zu 15 Prozent der Wählerstimmen zugetraut. Bis sie ihren Vorsitzenden entließ, einen charismatischen Professor namens Pim Fortuyn, der sich offen zu seiner Homosexualität und regelmäßigen Besuchen in Darkrooms bekennt. Fortuyn hatte den Islam als „minderwertige Kultur" bezeichnet und außerdem gefordert, die Grenzen für Ausländer dicht zu machen.

Die Niederländer sind in den letzten Jahren unsicher geworden, ob ihre Politik des Duldens wirklich die richtige ist, ob man den Menschen alle Freiheit lassen kann. In den Amsterdamer Straßenbahnen wurden Videokameras installiert, um die Sachbeschädigungen einzudämmen. In allen Kneipen der Stadt wurden Plakate aufgehängt, die den Besuchern sagen, wie sie sich zu benehmen haben.

Das Verkaufen gestohlener Fahrräder auf öffentlichem Grund hat man nach jahrelanger Duldung verboten – was zu einem Proteststurm führte, weil die Amsterdamer nicht mehr wussten, wo sie ihr geklautes Fahrrad zurückkaufen können. Anfang 2001 ließen die Stadtoberen plötzlich verlauten, alle Fahrräder in der Stadt müssten mit Licht fahren. Die neue Vorschrift wurde einen Tag kontrolliert und dann stillschweigend wieder fallen gelassen.

Die Politik des Duldens hatte aber auch schlimmere, ja tödliche Folgen. Die Explosion einer Feuerwerksfabrik in Enschede im Mai 2000 forderte 22 Menschenleben, nur ein paar Monate später starben zehn Menschen in der Silvesternacht beim Brand einer Diskothek in Volendam.

Im Untersuchungsbericht, der die schlampigen Kontrollen kritisierte, schrieben die Behörden von Enschede zu ihrer Verteidigung einen Satz, der typisch ist für die niederländische Denkweise: „Es war in dieser Zeit üblich, bei Abweichungen zwischen Realität und Genehmigungen zunächst die Genehmigungen an die Realität anzupassen." Jetzt wird verzweifelt nach Polizisten gesucht, um Recht und Ordnung besser durchzusetzen. 8000 neue Stellen sollen geschaffen werden, bei heute 43 000 Beamten eine Steigerung um fast 20 Prozent.

Was ist los im Land der bunten Tulpen, gemütlichen Häuschen und netten Menschen? Was ist los mit seinen Bewohnern, die man lange Zeit als sehr moralische, bessere Menschen wahrnahm? So moralisch, dass es sogar zur englischen Redensart wurde: *„To talk to somebody like a Dutch uncle"*. Geht ein Paradies verloren?

Sander Pleij, 31 Jahre alt und verwegen gut aussehend, ist Stellvertretender Chefredakteur der Wochenzeitschrift *De Groene Amsterdammer*; ein meinungslastiges Blatt, das seine rund 15 000 Leser vor allem in der städtischen Elite findet. In seinem Büro herrscht romantische Unordnung, an der Wand hängt ein Plakat mit Karl Marx als Bauarbeiter.

Ich frage Pleij, ob er unter der niederländischen Langeweile leide. „Im Gegenteil" sagt er. „Die Niederlande haben bewiesen, dass es nicht extrem entgegengesetzter Positionen bedarf, um brauchbare Ergebnisse zu erzielen. Das Geheimnis der Niederländer ist es, Ideen von anderen zu übernehmen und sie zu verbessern. Schon im 17. Jahrhundert bauten die Holländer die besten Sklavenschiffe und kontrollierten den Zuckerhandel – einfach, weil sie aus den Fehlern anderer gelernt hatten. Der holländische Elektronik-Riese Philips hat daraus sogar einen Slogan kreiert: *Let's make things better*. Wir sind die Japaner Europas. Toleranz ist unser Überlebenskonzept."

Gibt es in dieser freiheitlichen Gesellschaft noch Tabus?, frage ich. Sander Pleij überlegt lange, bevor er sagt: „Es ist ein Tabu, intolerant zu sein."

Was würden Sie denn ändern in Ihrem Land, wenn Sie könnten? Wieder schweigt Sander Pleij lange, dann steht er auf, geht zum Fenster und zeigt auf den Betonbau vis-à-vis: „Das ist hässliche Architektur, wir haben zu viel davon. Das würde ich ändern. Dann würde ich die Piktogramme im Flughafen Schiphol ändern, die sind nützlich, aber hässlich."

Ich verabschiede mich. Wenn einer der führenden Amsterdamer Intellektuellen kein anderes Problem hat als die Piktogramme im Flughafen Schiphol, dann muss dies immer noch der Garten Eden sein.

Aber nicht alle Niederländer lobpreisen ihr Land. Ich rufe den 76-jährigen Wim Couwenberg an, einen Juristen und emeritierten Professor für Verwaltungsrecht, der seit Jahren über die hiesige Identität schreibt. Als erstes teilt er mir mit, dass er seit kurzem Mitglied von „Leefbaar Nederland“ ist. „Ich bin ein Mann der Mitte, kein Rechter“, sagt er. „Aber es muss etwas passieren in diesem Land. Das Prinzip der Toleranz ist degeneriert. Aus Toleranz ist Ignoranz und Laisser-faire geworden. Wir haben die Opposition unterdrückt, indem wir sie eingebunden haben. Man könnte das repressive Toleranz nennen. Wir sind sehr ungeübt im Austragen von Konflikten, wir meiden sie wie die Pest. Und das ist uns nicht gut bekommen.“

Der Zug nach Zaandam ist leer. Auch auf den Straßen des Vororts von Amsterdam, durch die der Sturm fegt, ist niemand unterwegs. In den Reihenhäuschen, in denen an diesem späten Samstagabend die Menschen vor den Fernsehapparaten sitzen, schützen keine Vorhänge die Bewohner vor neugierigen Blicken. Niemand will hier etwas zu verbergen haben.

Im Gebäude am Ende der Straße arbeiten zwei Fernsehmacher mit Hochdruck an ihrem neuen Projekt. Sie heißen Paul Jan van de Wint und Rob Muntz und sind die bekanntesten Tabubrecher der Niederlande. Van de Wint ist der Kopf hinter der Kamera und Muntz der Mensch davor. Als sie eine Sendung produzierten, in der Muntz als Hitler verkleidet im Stechschritt durch Wiens Straßen exerzierte, verbannte der Sender die beiden nach heftigen Protesten vom Bildschirm.

Jetzt will eine lokale Fernsehstation in Amsterdam sie wieder ins Programm nehmen, mit einer Talkshow, in der bekannte Extremisten ihre Ansichten erläutern dürfen. Zum Beispiel der Pädophile, der meint, er helfe Minderjährigen, ihre Sexualität zu entdecken. Oder der Imam, der sagt, Homosexualität sei eine Krankheit.

„Die Niederländer halten sich selbst für bessere Menschen als andere“, sagt van de Wint. „Sie werden sich entrüsten, wenn sie diese Sendungen sehen. Wir zeigen ihnen, was passieren kann,

Querköpfe: Die TV-Shows von Paul Jan van de Wint und Rob Muntz spalten das Land

Mittelmäßig glücklich: Für Abram de Swaan ist Bescheidenheit ein Erfolgsrezept

Fotos: Andri Pol

wenn man aus seinen Werten eine Ideologie macht."

Er habe Menschen erlebt, die geheult hätten wie Schlosshunde, weil sie beraubt worden waren, „aber sie brachten es nicht über sich, zu sagen, dass der Räuber schwarzer Hautfarbe war", erzählt van de Wint. „Das macht man in den Niederlanden nicht. Die politische Korrektheit hat überhand genommen. Man will nicht sehen, dass es auch eine andere, dunkle Seite der Gesellschaft gibt. Und was haben wir davon? Plötzlich macht sich ein Ausländerhass breit, den man nie für möglich hielt. Es darf einfach nichts unterdrückt werden, das rächt sich immer."

Dann lehnt er sich zurück, nimmt seinen Kompagnon Rob Muntz in den Arm und sagt: „Aber eins muss man der Gerechtigkeit halber auch sagen: In welchem anderen Land der Welt würde man uns denn überhaupt noch senden lassen?"

Der Taxifahrer rast schweigend über die menschenleere Autobahn zurück ins Zentrum Amsterdams. Er hält am Hauptbahnhof, wo auch um zwei Uhr nachts noch viel Betrieb ist. Als ich aussteigen will, dreht er sich um und sagt: „Die Taxizentrale hat mir kürzlich empfohlen, ich solle jetzt jedem Fahrgast zum Abschied sagen: Achten Sie auf Taschendiebe!" Ich nicke. Dann wiederholt er seine Warnung nochmals und so eindringlich, als könnte er immer noch nicht glauben, dass wirklich etwas anders geworden ist, mitten im Paradies.

Peer Teuwsen, *geboren 1967, ist Stellvertretender Chefredakteur des* Magazin *beim* Zürcher Tagesanzeiger. *Er hat niederländische Vorfahren.* **Wilfried Bauer,** *Jahrgang 1944, hat in 30 Jahren Amsterdam häufig besucht und empfindet es äußerlich kaum verändert. Fahrräder sind ein ihn immer wieder faszinierendes Leitmotiv der Stadt. Nur benutzen kann er keins: Ein Fotograf muss laufen.*

MERIAN - INFO Legal, illegal, gedogen

Amsterdam pflegt seinen Nonkonformismus. Im öffentlichen Leben wird oft mehr zugelassen, als das Gesetz erlaubt, ein typisch niederländisches Phänomen, das auf dem Prinzip des *gedogen* beruht. Der Begriff bedeutet so viel wie „erlauben, dulden, zulassen, billigen". Laut Gesetz ist der Handel mit Drogen verboten, dennoch existieren Coffeeshops, in denen man offiziell bis zu fünf Gramm weicher Drogen wie Cannabis kaufen kann. Erwerb und Besitz kleinerer Mengen sind *gedogen*, was heißt: strafbar, aber nicht strafwürdig.

Bei der Verfolgung von Straftaten handelt die niederländische Staatsanwaltschaft nach dem Opportunitätsprinzip und nicht, wie in Deutschland, nach dem Legalitätsprinzip. Ein Staatsanwalt kann bei Gesetzesbrüchen Anklage erheben, muss aber nicht. Nach eigenem Ermessen entscheidet er über Sinn und Verhältnismäßigkeit einer Strafverfolgung.

Das Opportunitätsprinzip gibt der Justiz viel Freiraum, besonders in umstrittenen Rechtsfragen wie Schwangerschaftsabbruch, Drogenkriminalität oder Sterbehilfe. Es führt aber auch zu Konflikten. Zeitweilig ließ die Polizei sogar Drogenschmuggler laufen, wenn sie weniger als ein Kilogramm Kokain bei sich hatten. Die Gefängnisse seien voll, hieß es zur Begründung. Für die Politiker der großen Parteien war damit eine Grenze überschritten. „Die Duldungsmentalität erschüttert den Rechtsstaat", erklärte Ministerpräsident Wim Kok.

Duldungspolitik war wesentlich bei der sexuellen Befreiung, fand Eingang in die liberale Neuregelung der Abtreibungsgesetze (1984) und ermöglichte die homosexuelle Emanzipation bis hin zur europaweit ersten Trauung eines gleichgeschlechtlichen Paares. Geduldet werden aber auch verbotene Glücksspiele oder chinesische Opiumhöhlen – solange sich Nachbarn nicht beschweren.

Dass die Niederlande im nationalen Alleingang die Sterbehilfe legalisierten, hat einerseits mit der nüchternen Mentalität der Holländer zu tun, andererseits mit der Erkenntnis, dass Verbote allein gesellschaftliche Probleme nicht beseitigen. Das niederländische Recht erkennt einen Notzustand an, in dem der Arzt strafrechtlich nicht verfolgt wird, wenn er Sterbehilfe oder Hilfe zur Selbsttötung leistet. Voraussetzung: Der Patient leidet an einer unheilbaren Krankheit und erklärt schriftlich, dass er sein Leben zu beenden wünscht. Im Herbst 2001 sprach ein Haarlemer Gericht einen Arzt frei, der einem Patienten sogar ohne klares Krankheitsbild bei der Selbsttötung half: Der 83-Jährige war zwar körperlich gesund, hatte sich jedoch „lebensmüde" gefühlt.

Sich über Glaubensfragen zu ereifern, liegt nicht in der Tradition des Landes. Nach dem Unabhängigkeitskrieg gegen das katholische Spanien im 16. Jahrhundert bildeten die niederländischen Calvinisten den Kern des Widerstandes gegen den Absolutismus. Sie waren jedoch nicht in der Mehrheit und konnten es sich nicht leisten, die Andersgläubigen zu unterdrücken. Man dachte schon damals pragmatisch: Ein Religionskrieg hätte die junge Republik geschwächt, man arrangierte sich also, auch und besonders in Amsterdam, wo eine liberale Politik gerade gegenüber Juden oder Lutheranern gepflegt wurde, da diese über gute Handelsbeziehungen verfügten.

Das Prinzip des „Leben und leben lassen" prägt auch die Politik. Skandale führen selten zu echten Krisen, Affären verdampfen. Zwischen dem Gesetz und seiner Anwendung liegt ein Ermessensspielraum. Im Ausland ist das niederländische Rechtssystem wegen seiner Flexibiliät hoch angesehen. Denn welches Land hat schon die Chuzpe, Gesetze zu erlassen, in denen die Übertretung bereits einkalkuliert ist, und sie dem Ausland als Vorbild zu verkaufen?

Siggi Weidemann

Bei den Feiern zum Geburtstag der Königin machen die Joint-Händlerinnen ein gutes Geschäft

Smile

Freuen Sie sich...auf einen Ort, an dem die Sonne mit einem Schmunzeln aufgeht. Wo jedes Lächeln in herzhaftes Lachen ausbricht. Wo Heiterkeit die Nächte durchzieht. Come to Jamaica and feel alright.

JAMAICA

Come to Jamaica and feel all right.

www.jamaicatravel.com

Ihr kostenloses Infopaket erhalten Sie unter 06184 990044 oder auf unserer Website.

Natürliche Fortbewegung.

Verbrauch pro 100 km: Stadt 8,8 l; Land 4,9 l; Mix 6,4 l; CO_2-Emission: 168 g/km
24-h-Infoline: 0 18 01/406 406 (€ 0,04/Min.)

406

PEUGEOT

Fotos: Christian Richters

Rauminszenierung im Reihenhaus: Auf dem nur fünf Meter breiten Grundstück hat Koen van Velsen neue Maßstäbe gesetzt – mit Beton, Glas, viel Licht und einem Baum

Das Borneo-Experiment

Im alten Osthafen, wo einst die Segler aus Übersee festmachten, entwarfen junge Architekten ihre Vision vom Wohnen am Wasser: behaglich wie an der Gracht, aber ohne Giebel und Schnörkel, jedes Haus ein kostbares Einzelstück

Text: Niklas Maak

Zu neuen Ufern: Auf Borneo, einer ehemaligen Kaianlage, ließ Hollands Architekten-Elite ihren Ideen freien Lauf, nur der enge Raum setzte der Fantasie Grenzen. Hier wurde das Einfamilienhaus neu erfunden

Das fliegende Kinderzimmer: Die Baumeister von De Architectengroep haben am Neubau für Spielraum gesorgt

Apartments mit Aussicht:
Die Anlage mit der markanten Zinkplattenfassade, ein Werk Frits van Dongens, erhebt sich auf der Halbinsel Sporenburg

Neue Perspektiven: Eine Fußgängerbrücke führt über das Spoorwegbassin, in dessen Wasser sich das Van-Dongen-Haus spiegelt

Borneo glänzte. Es hatte geregnet in der Nacht, aber am Morgen verzogen sich die letzten Stürme. Die Boote schaukelten leicht in den Wellen, die vom Meer her in die Mündung des Flusses drückten, und die Sonne brannte auf die nassen Fassaden der Häuser unten am Ufer. Der Mann lehnte im Schatten einer Palme und schaute auf die Boote, die vor seinem Haus wendeten. Der Wind kam jetzt von Java. Der Mann hätte mit seinem Boot den Fluss hinunter bis zu der kleinen Bahnstation fahren können, aber er tat es nicht; er nahm das Saab Cabrio, das unten im Carport stand, und fuhr zur Panama-Laan.

Das hier, sagte der Mann, ist nicht Holland; das hier ist Borneo, und für einen Moment an diesem heißen Vormittag, an dem kaum Wind über die Dachterrasse wehte, hätte man alles geglaubt. Auch, dass dies hier Borneo im Südchinesischen Meer sei.

Natürlich war es das nicht, es war Borneo am IJ, in Amsterdam: Der nach der indonesischen Insel benannte Pier, an dem früher die Schiffe ablegten, die in Hollands Kolonien aufbrachen. Aber was seit 1997 auf den alten Hafenanlagen gebaut wurde, ist für viele eine Revolution – und die neue Scheepstimmermanstraat auf Borneo, Amsterdam, ist zu einer der teuersten und begehrtesten Wohnadressen der Stadt geworden. 3000 Interessenten hatten sich um die Bauplätze auf Borneo beworben; die Grundstücke wurden schließlich verlost.

40 Architekten bauten eine Siedlung, die schon jetzt als Architekturdenkmal gilt. Die Vorgaben waren rigide: Die Häuser sollten zwischen 4,2 und sechs Metern breit sein, ungefähr elf Meter hoch und 16 Meter tief, also die Proportionen des traditionellen Grachtenhauses haben. Auf dem schmalen Pier versammelten sich die besten Architekten Hollands. Wer heute durch die Scheepstimmermanstraat geht, erlebt eine intime Atmosphäre wie in einer alten Gracht, obwohl keiner der Architekten mit Giebelchen und Erkerchen die historische Amsterdamer Architektur nachäfft.

Alle erdenklichen Baumaterialien, Holz, Backstein, Stahl, Glas, Beton, sind hier mit einer kalifornischen Gelassenheit zusammengewürfelt. Das Ergebnis zeigt, dass modernes Bauen behaglich sein kann, ohne plüschige Altbaufantasien zu beschwören.

Unten an der Panamakade ist mittags wenig los, ein paar Kiffer sitzen auf dem Kai und haben Kopfschmerzen. Einer lärmt rum und pinkelt ins Hafenbecken, jaja, sagt er, das kannst du in den Grachten nicht machen, wegen der Hausbootbesitzer. Oben, in der Scheepstimmermanstraat, ist es ruhiger, aber die Lage hat ihren Preis: Die Häuser, die durchschnittlich 240 Quadratmeter Wohnfläche bieten, kosteten zwischen 160000 und 250000 Euro, deutlich mehr als im landesüblichen Durchschnitt.

Dafür sind einige der aneinander gereihten Villen schon heute Architektur-Ikonen, die von ihren Besitzern für fast das Doppelte wieder verkauft werden: Das schwarz schimmernde Haus von Koen van Velsen verbirgt einen Baum, der im engen Innenhof zwischen Stahl und Glas in die Höhe wächst. Durch die strenge Betonrasterfassade des Faro-Hauses schimmert nachts geheimnisvoll das Licht, und auch andere Häuser entpuppen sich als architektonische Zauberschachteln. Zum Beispiel das Gebäude, das Arno van der Mark bei Winy Maas, Nathalie de Vries und Jacob van Rijs in Auftrag gegeben hatte, bekannt unter dem kryptischen Kürzel MvRdV.

Das Rotterdamer Team zählt, neben Rem Koolhaas, zu den bekanntesten Architekten des Landes. Berühmt wurden sie mit ihrem holländischen Pavillon auf der Expo 2000 in Hannover, einem surrealistischen Architektur-Sandwich, in dem holländische Landschaften zu einem 40 Meter hohen Turm aufgestapelt waren. Der Turm fasste alles zusammen, worum es den Rotterdamern auch in ihren theoretischen Schriften geht: um die Idee einer vertikalen Stadt, die sich nicht mehr endlos in die Landschaft hineinfrisst. Stattdessen konzentriert sich das städtische Leben auf einem Punkt, hoch verdichtet und flächenschonend, mit

Schrille Muster im Einerlei: Der kleine Turm von Enric Miralles ziert eine der tristen Ecken im neuen Osthafen

hängenden Gärten und Parks und Freizeiteinrichtungen im 30. Stock.

„16 Millionen Holländer leben auf einer Fläche von 41 500 Quadratkilometern, die aber zu einem Fünftel aus Wasser besteht", sagt Winy Maas. „Wenn Holland nicht die Luft aus den weiten belgischen und deutschen Wäldern hätte, würde es als Ökosystem kollabieren. Es gibt kaum noch unberührte Natur hier, alles ist zugebaut." Sogar Wiesen für Kühe und Schweine wollten die Architekten auf 30 Etagen in sogenannten Farm-Hochhäusern stapeln. Spätestens bei diesen Milch- und Fleischwolkenkratzern wird es zumindest traditionsverbundenen Bauern unheimlich.

Für einen schlechten Witz hielten die Auftraggeber zunächst auch das Haus, das MvRdV auf Borneo entwarfen. Es hatte keine Fenster zur Straße und keins zum Wasser. Erst wenn man das Haus betritt, sieht man die Genialität des Entwurfs: MvRdV haben das nur fünf Meter breite Grundstück halbiert und auf zweieinhalb Metern einen langen Riegel gebaut, der zu dem ebenfalls zweieinhalb Meter breiten Innenhof hin voll verglast ist. So fällt intimes Licht in einen Bau, der vollkommene Privatheit bietet. Im modernen Holland sind die Zeiten vorbei, in denen man die sprichwörtliche Offenheit zelebrierte. Die Zukunft des Hauses: Hier auf Borneo ist sie ein Kloster.

Dennoch soll sie lebendig sein, die neue Stadt. Bis 2010 sind 35 000 Wohnungen geplant, Neuland für die Großstadt, das sich vom Holzhafen im Westen über das Bahnhofsviertel bis zu den seit 1979 aufgegebenen Hafenkais Java Eiland, KNSM Eiland, Rietlanden, Sporenburg und Borneo erstreckt. Rem Koolhaas hatte die Wiederbelebung der brach liegenden Hafenanlagen angeregt. Auf der KNSM-Insel haben Hans Kollhoff und Christian Rapp ihren monumentalen „Piräus-Block" und Wiel Arets einen finsteren Wohnturm gebaut; nebenan reihen sich flache und reichlich einfallslose Backsteinriegel. Viele Häuser wirken sehr dunkel. Das liegt einerseits an dem witterungsbeständigen Baumaterial. Andererseits wird von den Architekten aber auch eine grimmig strenge Hafenästhetik forciert, die auf den leer geräumten Kais etwas albern wirkt. Schließlich sind Fischgestank, Gewürzduft und der Lärm der öligen Maschinen längst verschwunden.

Nicht weit entfernt entsteht „La Grande Cour", eine ebenfalls von MvRdV entworfene terrassierte Dachlandschaft, die zum Fluss ansteigt. Vor dem Bau wird ein funkelnd dekonstruktivistisches Gebilde von De Architektengroep in die Höhe wachsen, das mit einem Yachthafen und einem Unterwasserrestaurant Besucher in die Anlage locken soll. Die Häuser sind im Detail improvisiert und ruppig, und die zahlreichen Materialerotiker und Perfektionsneurotiker unter Deutsch-

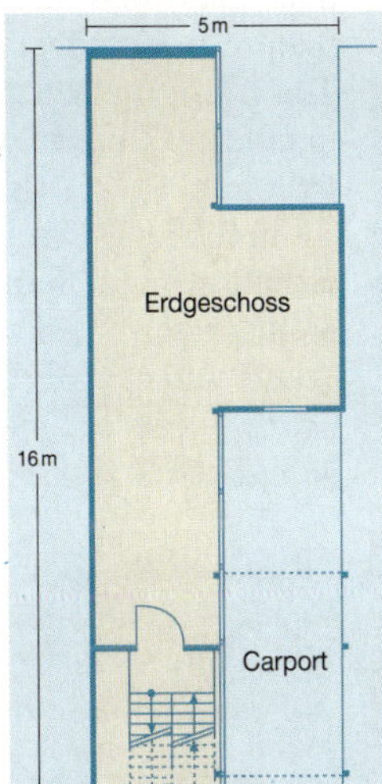

Klein ist relativ: Das Architektenteam MvRdV hat sich mit 2,5 Metern Breite begnügt und das schmalste Haus in der Scheepstimmermanstraat gebaut. Die Balkendecke kam aus einem Abbruchhaus

Begehbare Skulptur: Die Brücke ist ein Werk von Adriaan Geuze/West 8, sie verbindet die beiden früheren Kaianlagen Borneo und Sporenburg miteinander

lands Architekten würden schreiend davonlaufen, wenn sie sähen, wie munter die jungen Holländer da eingefärbte Aluminiumpaneele auf Glastafeln, Betonplatten und Holzverkleidungen krachen lassen.

Alles sieht ein bisschen so aus, als hätte der Seewind eine Fuhre Sand und einen Haufen Treibgut über die Entwürfe geweht – was zum rauen Pathos der Hafenanlage passt, deren Kais wie die Finger einer Hand ins Meer greifen. Viele der Häuser haben zur Straße gewandte Dachterrassen und Loggien, was die Fassaden angenehm rhythmisiert und optimistisch wirkt – so, als käme mit der besseren Architektur womöglich auch besseres Wetter über die Stadt.

Nicht immer sehen die flachen Reihenhäuser gut aus. Manches, was auf Sporenburg steht, ist kein Haus, sondern die Idee von einem Haus – grimmig abstrakte Endlosreihenhäuser, die so einladend sind wie ein verklinkerter Krankenhausflur. Wer an den hühnerstallhaften Wohnkartons vorbeiwandert, bekommt irgendwann das Gefühl, auf der Stelle zu treten. Menschen sieht man hier ohnehin selten, Läden gibt es nicht; wer etwas braucht, fährt zum Einkaufszentrum.

Die Monotonie hat ihre Gründe: Zunächst sollten verschiedene Architekten die Wohnriegel bauen, sodass eine lebendige Variation der Fassaden entstanden wäre. Aber dann wurde aus vermeintlichen wirtschaftlichen Zwängen heraus die Zahl der Architekten deutlich reduziert. 1800 von 2300 Wohnungen wurden von einem Projektentwickler mit dem unangenehmen Namen „New Deal" gebaut. Und der, sagt Ton Schaap vom Amsterdamer Stadtplanungsamt, „hat die Stadt regelrecht erpresst mit der Drohung, der Baufortschritt könne ins Stocken geraten, und man würde die staatlichen Subventionen verlieren." Nun sieht vieles so aus, als habe man aus Ideenmangel einfach denselben Entwurf solange auf den Kopierer gelegt, bis die Insel voll war.

Vielleicht war aber das, was man sich unter öffentlichem Leben vorstellt – ein Café, ein Platz, eine Bar, ein paar kleine Läden – nicht das, was die Stadtplaner im Osthafen wollten. Der Architekt Adriaan Geuze vom Büro West 8, der die Regeln für Borneo schuf, hat eher eine orientalische Vision von Privatheit. Oben, auf den Dächern, gibt es blickgeschützte Dachterrassen, die sich wie kleine, versteckte Gärten zwischen die Dächer kauern.

„Die Moderne", erklärt Geuze, „hatte die Gebäude mit großen Fenstern zur Landschaft geöffnet. Wenn man aber das Private wirklich ernst nimmt, dann liegt die dichte Parzellierung mit der Orientierung nach innen fast schon auf der Hand." Nur einen „Turm" hat der strenge Geuze zugelassen, ein bunt gestreiftes, gerade mal eine Etage höheres Haus, entworfen von dem jung verstorbenen Spanier Enric Miralles. Der Turm, „ein sehr romantisches Ding", wie der unromantische Geuze betont, könnte immerhin eine Art Anziehungspunkt werden, „vielleicht für eine Bar."

Natürlich ist die flache Bebauung ein Unsinn, denn gerade von hier, von der äußersten Spitze des Hafens, hätte man aus höheren Häusern einen unvergleichlichen Blick auf das IJ gehabt. So weiß man nicht, ob man nur an irgendeiner Gracht oder schon am Meer wohnt.

Zwischen Sporenburg und Borneo rollt der Verkehr durch den Piet-Hein-Tunnel nach Osten. Dort, am Übergang zum IJsselmeer, hat man eine ganze Insel aufschütten lassen, auf der einmal 18 000 Wohnungen gebaut werden sollen. Zu sehen ist derzeit noch fast nichts, nur ein Schild, auf dem „Kap Kot" steht. Von Cape Cod ist man weit weg, nur der Wind bläst ähnlich stark und zwingt das Schilf in die Waagerechte.

Weiter oben am Wasser schließlich soll das entstehen, was die Planer „Manhattan am IJ" nennen: 35 Meter hohe Wohntürme, die dem alten Amsterdam eine ferne Skyline am Ufer geben werden. Wenn die Architekten dieser Türme so sorgfältig ausgesucht werden wie in der Scheepstimmermanstraat, dann kann der Hochhauspark zu einer Stadt der Zukunft werden, mit dem Charme eines europäischen Rio de Janeiro: Der Platz ist knapp, der Blick über die Küste in Richtung Meer großartig. Und an guten Tagen, wenn es warm ist an den Seitenarmen des IJ und die Dachterrassenbesitzer im Schatten ihrer Zierpalmen sitzen, dann sieht in der neuen Hafenwelt alles so fremd und neu aus, als sei man in exotischen Gefilden, mindestens auf Java oder Borneo.

Niklas Maak, *Jahrgang 1972, studierte Architektur und Kunstgeschichte. Er ist Feuilletonredakteur bei der* Frankfurter Allgemeinen Zeitung *in Berlin.*

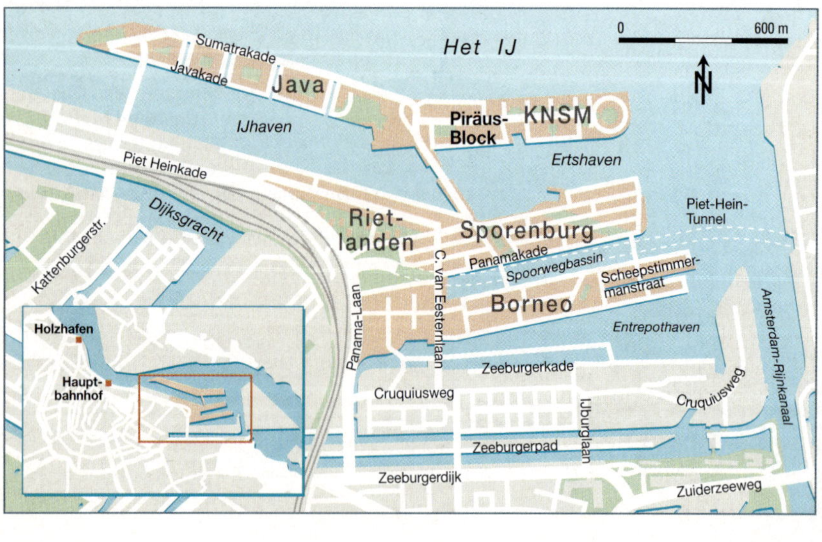

Frische Brise inklusive: Die alten Kais mit den neuen Bauten liegen wie Halbinseln im IJsselmeer

Blond

Spuistraat 257
Mittwoch bis Sonntag 11-18 Uhr,
Montag und Dienstag geschlossen

Zwei Blondinen inmitten von Leinwänden, Tellern, Kannen, Tassen. Ich sehe viel Rosa, viel Rot. Als sie mit der Kunsthochschule fertig waren, eröffneten **Femque van Geffen** und **Jannecke Dröge** ihren Laden und nannten ihn *Blond*. „Ich weiß nicht, wie das in Deutschland ist, aber in Holland steht blond für doof und naiv", erzählt mir Femque, und Jannecke nickt. „Wir sind blond. Unsere Haare, unsere Art zu malen. Blond, das ist unser Stil, wir benutzen das Wort, um unsere Arbeit zu beschreiben. Unsere Motive sind Tiere, Kinder, Essen. Unsere Themen sind die Liebe und das Essen. Einfach und simpel. Blond heißt auch bunt und lässig."

Jannecke sagt, dass sie eigentlich nur ein Atelier mieten wollten. Wegen des Schaufensters machten sie gleich einen Laden daraus. Jetzt sitzen sie am Tisch und malen, während ihnen die Passanten von draußen zuschauen. „Der Name Blond ist unsere Stärke. Viele Leute kommen nur, um einen Kommentar loszuwerden. Andere wollen diskutieren. Jeder lacht über uns, keiner hat Berührungsängste, es gibt nicht so eine Kunstscheu wie anderswo."

Sie sind erfolgreich, kommen kaum hinterher mit dem Malen. Bald schließen sie für eine Woche, um die Aufträge abzuarbeiten, denn immer wieder bestellen Leute ein Geburtstags- oder Hochzeitsgeschenk, erzählen, was die- oder derjenige, für den es gedacht ist, mag und wie er so ist. „Wir wollen Leute happy machen", sagt die eine Blondine. „Wir malen so, wie wir sind", die andere. Sie lachen und wirken dabei sehr clever.

Schrille Souvenirs

Naivität in Öl, berauschende Pilze, indische Zahncreme, ein Sessel zum Anziehen – wer in Amsterdam shoppen geht, findet mehr, als er gesucht hat. Acht Stationen einer Entdeckungstour

Text: Christian Litz, Fotos: Andri Pol

Conscious Dreams Kokopelli

Warmoesstraat 12
täglich 11-22 Uhr

Legal? – „Klar", sagt Niels. Ich bestelle eineinhalb Gramm Magic Mushroom. Schmeckt wie Erde. **Niels Alting von Geusau** ist Manager von *Conscious Dreams Kokopelli*, einem Smart Shop, besser gesagt einer Smart-Shop-Ketten-Filiale, „wir sind so eine Art McMushroom", meint er. Ein Raum mit großen Fenstern, alles leuchtet blau. „Die Idee war, offen und hell zu sein." Anders als die dunklen Coffeeshops, die wie verratzte Studentenkneipen wirken, aus den Sechzigern in die Gegenwart gebeamt.

Conscious Dreams ist modern. Haschisch gibt es hier nicht, so will es das Gesetz, nur Pilze, in Gewächshäusern angebaut von Bauern, die mit Tomaten oder Tulpen zu wenig verdienten. Drei Gramm, zwei Trips, kosten zwölf Euro. Psilocybin ist der Stoff, der vom Hirn wahrgenommen wird wie körpereigenes Serotonin und Halluzinationen verursacht. Die Pilze lagern im Kühlschrank mit Glasfront, in Plastikboxen, in denen sonst Cherry-Tomaten verpackt werden.

Warten am Fenster, mit Blick auf die Gracht. Wann beginnt der Trip? Niels, ist schon mal wer durchs Fenster im Rausch? „Nein, obwohl im Sommer alles offen steht", sagt er. Seit einem halben Jahr hat er selbst in keinen Pilz mehr gebissen, die Lust sei weg. Niels erklärt: Vor fünf Jahren waren Magic Mushrooms ein großes Geschäft, jetzt ein normales. Mein Pilz wirkt nicht. „Merkst du nicht, dass du langsamer redest?", fragt Niels. Ernsthaft? – „Warte!", sagt Niels.

Mein Trip wird die Ahnung, dass der Trip ausbleibt. Gut, ich sehe alles vermatscht. Wo sind die Delfine? Nur blauer Nebel, der zum Fenster zieht, langsam, immer wieder. Niels, war's das? – „Keine Ahnung", sagt er. Ich blieb eine Stunde, kam mir blöd vor und notierte, dass es auch Psilocybe Tampanensis gibt, für 16 Euro. Mein Trip war Langeweile. Warten, ohne zu wissen, auf was, matschige Wahrnehmung, weder unangenehm noch angenehm. Und, das habe ich später festgestellt, meine Handschrift war krakelig.

The Frozen Fountain

Prinsengracht 629
Montag 13-18,
Dienstag bis Freitag 10-18,
Samstag 10-17 Uhr

Dick Danker durchschaut mich sofort, schon nach zwei Minuten fragt er, ohne Ironie: „Ja, was wissen Sie überhaupt?“ Ich hatte nicht gewusst, dass es einen Aufsatz eines Menschen namens Bragdon über das geometrische Verfahren der Axonometrie gibt. Dick aber war von dem Werk beeindruckt und hat 1985 seinen Laden danach benannt. Die gute Idee dürfte jetzt sein: Man geht rein und fragt, ob das Geschäft wie der Aufsatz des Architekturtheoretikers Bragdon heißt, und, bumm, hat man einen tollen Auftritt. Zur Sicherheit sollte, wer aus Deutschland kommt, wissen, wer Dieter Rams ist und wer Ingo Maurer. Rams hat die Braun-Klassiker der Sechziger entworfen, Maurer ist Lichtdesigner.

Ich kannte beide nicht, Dick sagte: „Sie bekommen trotzdem einen Kaffee.“ Und führte mich durch den Laden. Viele Ecken und Winkel mit Hosen und Jacken, Lampen, Gardinen, einem Sessel mit integriertem Strickmantel. Am besten gefielen mir die großen Bilder eines Fotografen an den Wänden. Wie heißt der? – „Sie kennen ihn nicht?“, fragte Dick, ging an einen Tisch, schaute in den Katalog. Pepijn Provily – seine Fotos haben mich beeindruckt, auch die Dinge, die Dick sonst verkauft. Modern classic, beschreibt er den Stil, er führe Einzelstücke, nur selten Massenprodukte, es müsse stylish sein, nicht sinnlos trendy. Er wirft ein paar Designer- und Künstlernamen um sich. Die Mischung sei entscheidend. Dick, was sagt Bragdon eigentlich in dem Aufsatz? „Das lässt sich nicht schnell erklären“, erwidert er, als er mich zur Tür bringt, „ist kompliziert.“

Geels & Co. BV

Warmoesstraat 67
Montag bis Samstag 9.30-18 Uhr

Als die Mädchen klein waren, mussten sie die Kaffeemühlen des Vaters in Schuss halten, sie auseinander nehmen, putzen, wieder zusammenbauen. Oder daheim den Kaffee mahlen, mit der großen Mühle aus den USA, über 100 Jahre alt. Ein Monster, so groß wie eine Nähmaschine, aus schwarzem Gusseisen, mit einem Sitz und zwei Pedalen, fast ein Fahrrad. Ihrer Schwester machte das alles keinen großen Spaß, aber Esther war begeistert. Schon als kleines Mädchen war sie immer im Laden, hat sich wohl gefühlt in dieser Wolke aus Tee- und Kaffeegerüchen auf dem Holzbohlenboden. Heute leitet sie den Kaffee- und Teeladen Geels, seit fünf Generationen im Besitz der Familie.

Der Vater, seit Jahren Rentner, kommt ab und zu vorbei, aber **Esther Geels** hat alles im Griff. Sie kann spät abends noch drei, vier Espressi trinken und trotzdem schlafen. Auf zehn, elf Tassen Kaffee kommt sie leicht am Tag, auch Tee und Kaffee durcheinander.

Geels & Co B.V. sitzt seit 1860 im selben Haus. Es riecht großartig, nach Kaffee und Tee und sonst nichts. Geröstet wird inzwischen außerhalb, einmal die Woche frisch. Vakuumverpackungen gibt es nicht. „Die haben die großen Firmen eingeführt, um den Kaffee haltbarer zu machen. Von frisch gemahlenen Bohnen hat der Kunde viel mehr“, sagt Esther Geels.

Der Tee wird traditionsgemäß noch im Laden gemischt und abgepackt. Die Zeit der Teerituale sei aber vorbei: Kanne vorwärmen, die genaue Reihenfolge beim Aufgießen einhalten, kaum jemandem sei das noch wichtig – auch weil es so viele Mischtees gebe, bei denen solche Sorgfalt nichts bringt. „Wir sind ein Haus für orthodoxe Tees und für Qualitätskaffee“, sagt Esther. „Coffee roaster and tea packer“. Bloß kein Coffeeshop. Davon gibt es einige in der Warmoesstraat genau wie von den Sex-Shops. Geels Kaffee- und Tee-Geschäft hält sich hier als eine Bastion der alten Zeiten und des guten Geschmacks.

De Witte Tanden Winkel

Runstraat 5
Montag 13-18,
Dienstag bis Freitag 10-18,
Samstag 10-17 Uhr

Die Zähne von Bert Quist sind ein bisschen dunkel. „Wir hatten Zahnprobleme", sagt er, „mein Bruder Cor und ich". Die Zahnpflege sei nicht gut gewesen, damals in den Achtzigern, deshalb eröffneten Bert, Krankenpfleger, und Cor, Kaufmann, der heute die Filiale in Rotterdam leitet, ihren Zahngesundheitsladen. *De Witte Tanden Winkel* ist klein, aber eine Schatzkammer der Oralhygiene: Pasten aus Indien, Tschechien, den USA, auch die englische Darlie-Paste, auf die Chinesen angeblich so stehen. Bürsten in allen Formen, eine Klammer mit Borsten, um die Zähne von beiden Seiten zu putzen, auch Designerbürsten, zu schön, um sie zu benutzen. Zahnseiden aus fernen Ländern. Gurgelmittel in allen Farben. „Wir führen lustige Produkte", sagt Bert, „und bekamen deshalb ein Image, das wir gar nicht wollten. Unsere Grundidee bleibt: Zähne putzen ist wichtig."

Die Frage fällt nicht leicht: Herr Quist, haben sie dritte Zähne? „Nein", sagt er lächelnd, „es sah mal so aus, als käme ich nicht drumherum. Aber man kann mit Pflege so viel erreichen."

Anno

Westerstraat 35-37
Montag 10-18,
Dienstag geschlossen,
Mittwoch bis Freitag 11-18,
Samstag 11-17 Uhr

Wer beim Fernsehen arbeitet, Bücher schreibt, Werbung macht, sonstwie kreativ ist, oder auch nur so scheinen will, der wohnt, wenn irgend möglich, im Jordaan-Viertel. Deswegen ist auch *Anno* hier, und bei Anno gibt's Möbel second hand. „Wir verkaufen nur Dinge, die zwischen 1920 und 1980 hergestellt wurden. Achtziger-Jahre-Zeug mögen wir nicht. Überhaupt nicht." Das sagt Sylvia Zijl. Sie sitzt am Schreibtisch und blickt dann auf die Möbel, die den Raum füllen und für eine eigentlich unangenehme Enge sorgen. Nur: Die Stühle, hier ein Charles Eames, da ein Plywood, Tische und Lampen sind schön. Es macht Spaß, sich umzuschauen, egal wie eng es ist.

Innenarchitekten, Stylisten, Fotografen kommen ins Geschäft, leihen sich Requisiten, kaufen ein, um neue schicke Restaurants einzurichten oder buchen Mobiliar für Filmaufnahmen. Ihr Partner Arno Schürfeld, erklärt Sylvia mir, sei zwar Betriebswirt, habe aber eine sehr gute Nase für Trends, den sie, Absolventin einer Kunstakademie, bewundere. „Manchmal bringt er Sachen, da sage ich, mein Gott, was denkst du dir dabei? Kurz darauf stehen ein paar Kreative davor, bewundern dieses schreckliche Teil, und ich nehme es ganz anders wahr."

Sylvia und Arno sind ständig auf der Suche nach neuen alten Waren, bei Haushaltsauflösungen zum Beispiel. Mindestens einmal im Jahr fahren sie nach Kopenhagen. Arno, mit seinem Spürsinn, finde dort genau die richtigen, die „organischen, skandinavischen" Möbel. Sylvia schwärmt mir von „diesen Stühlen mit den runden Lehnen" vor – und von Arno und seiner Nase.

Webers Holland

Kloveniersburgwal 26
Sonntag und Montag 13-19,
Dienstag bis Samstag 11-19 Uhr

Gummi, Leder, Plastik, echter und falscher Pelz – der Stoff zählt. Innovativ könne man nur noch mit Materialien sein. Was Schnitte und Stile angeht, sei schließlich alles in der Mode schon da gewesen, sagt **Teun van Wely**. Er und **Désirée Webers** führen *Webers Holland*, er managt, sie entwirft.
Die Boutique ist einer von den Orten, an denen Eltern ihre Kinder auf keinen Fall wissen wollen. Wahrscheinlich wäre es manchen Müttern lieber, der Nachwuchs würde ins Spielcasino gehen, als sich bei Webers Holland einzukleiden. Jedes Teil, das hier hängt, ist unorthodox. Einiges tut sicher weh, wenn man es trägt. Manches ist so sexy, dass es nicht mehr sexy ist. Teun sitzt an der Kasse, wirkt wie ein britischer Achtziger-Jahre-Popstar, sehr mager, sehr trendy. Er referiert über Mode: „Leute sind heute Style-Surfer", erklärt er mir. „Morgens dies, abends was anderes, am nächsten Tag wieder eine große Veränderung, es gibt keinen durchgängigen Stil mehr."

Schwerpunkt bei Webers ist Mode für Damen, denn Frauen seien „more expressive dressers", zögen sich also ausdrucksvoller an. Teun zeigt mir das Foto für die neue Werbekampagne: eine nackte Frau. „Spielraum für die Fantasie", sagt er. „Wenn sie nur ein Kleidungsstück tragen würde, wäre die Vorstellungskraft limitiert." So könne man sich Webers Modelle an ihr vorstellen. Es gehe um Originalität, ums Auffallen und darum, authentisch zu bleiben. Um jeden Preis. Nein, Webers ist nicht so teuer wie andere Designer, „aber teurer als H & M", sagt Teun.

Brilmuseum

Gasthuismolensteeg 7
Mittwoch bis Freitag 11.30-17.30,
Samstag 11.30-17 Uhr

Im Geschäft von **Mijke Teunissen** fotografiert ein Mann Sechziger-Jahre-Brillen für eine Mobiltelefon-Reklame. Eine Londoner Werbeagentur hat ihn geschickt, denn Mijke, eigentlich Architektin und früher mal Schaufenstergestalterin, ist eine Autorität für Brillengestellmode.

„Seit den achtziger Jahren gibt es nichts Neues", sagt sie. „Die großen Designer nehmen einen alten Stil auf und verkaufen ihn als neu. Nur noch Retro, Retro, Retro. Alles war schon mal da."

Unten im Laden verkauft Mijke Gestelle, schrille Teile, auch Dezenteres, alles fabrikneu. Allerdings lagen einige Modelle bereits Jahrzehnte lang in Kisten verpackt herum. Wenn irgendwo ein Optiker mit Historie sein Geschäft aufgibt, dann kauft Mijke, was alt ist. Ihr Urgroßvater war Optiker, ihr Großvater und ihr Vater. Sie nicht, sie interessiert sich nur für Design.

In ihrem Büro im ersten Stock klingelt das Telefon. Ich gehe die Treppe hoch ins *Brilmuseum*, zwei Etagen voller Prachtstücke aus der Zeit, als Eisenbahnen offene Wagons hatten und die Brillen seitliche Gläser gegen Staub. Buddy-Holly-Brillen, Cat Eyes, eine Vitrine mit Gestellen aus den sechziger Jahren. Ich sehe mir chinesische Brillen aus dem 16. und 17. Jahrhundert an und denke, dass, retro hin, retro her, dieser Stil wohl nie wieder kommen wird.

Mijke kommt zurück, sagt, eine Werbeagentur sei am Apparat gewesen, diesmal aus Frankreich. Wir gehen runter in den Laden, wo schon ein Kunde wartet, Stylist einer Fernseh-Produktionsfirma. In Retro-Zeiten ist es anstrengend, Brillengestellhistorikerin zu sein.

Christian Litz, *Jahrgang 1963, ist freier Journalist in Hamburg und kaufte bei Bert Quist sieben neue Zahnbürsten. Er stellte fest, dass sie ihm mehr bringen als psychedelische Pilze.*
Andri Pol, *geboren 1961, ließ sein Honorar für diesen Foto-Auftrag gleich vor Ort. Er erstand einen Schrank, den er sich nach Zürich nachschicken ließ.*

Spaß haben mit Deutschland

Der große Nachbar war in Holland nie sonderlich beliebt. Deutsche hingegen hatten Niederländer gern, zumindest ihre Tulpen, Mühlen und Frau Antje. Jetzt ändern sich die Zeiten, die Rollen werden neu besetzt

Text: Dik Linthout, Illustration: Frank Nikol

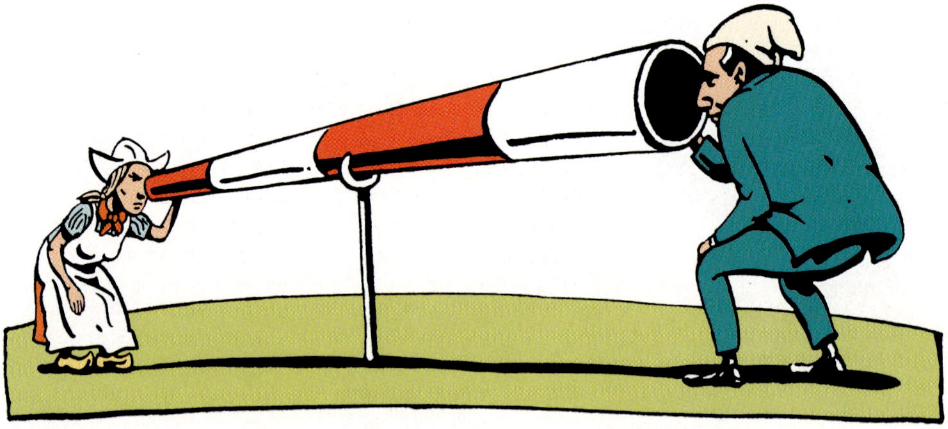

Der Fenster-Spiegel-Effekt

Deutschland ist ein Land mit neun Nachbarn; allerdings wissen die Deutschen über ihre kleinen Nachbarn meistens wenig. Das hängt mit einem Phänomen zusammen, das man den Fenster-Spiegel-Effekt nennen kann: Die Bewohner kleiner Länder stehen vor einem Fenster und beobachten, was beim großen Nachbarn vor sich geht. Dagegen sieht der große Nachbar kaum ins kleine Land, und wenn, interessiert ihn dort vor allem die eigene Spiegelung. Im Wissen der Nachbarn übereinander gibt es enorme Unterschiede, und fast nur die Deutschen in Grenznähe kennen mehr von den Niederlanden als Tulpen, Mühlen und Käse.

Schwätzer und Streithähne

Es gibt in Europa keine zwei Nachbarvölker, die sich in historischer Hinsicht mehr voneinander unterscheiden als die Niederländer und die Deutschen. Das schreibt der niederländisch-schweizerische Kultursoziologe Ernest Zahn. Die Unterschiede sind nicht sofort ersichtlich. Ähnliche Lebensverhältnisse in beiden Ländern verstellen den Blick auf geschichtlich gewachsene Mentalitätsunterschiede.

In Deutschland weiß kaum jemand, dass die Niederlande länger eine Republik waren als eine Monarchie. Im wasserreichen Holland bekamen die Bauern, die den Moorboden urbar machten, schon im 11. Jahrhundert von ihren Grafen Freiheitsrechte zugesprochen. Als die Städte entstanden, trugen die Bauern ihre Tradition des Verhandelns und der Suche nach Kompromissen ins urbane Umfeld.

Es entwickelte sich in den Niederlanden eine bürgerlich-egalitäre, kalvinistische Gesellschaft, in der nicht mehr der Adel das Sagen hatte und ein mächtiger Mittelstand sich von der sozialen Elite nicht unterkriegen ließ. Dies hat die Mentalität der Niederländer geprägt, und wie sehr sie sich von der deutschen unterscheidet, zeigt sich besonders deutlich in der gegensätzlichen Diskussionskultur. Dem niederländischen Konsens- oder „Poldermodell" – wir beratschlagen bis zum Umfallen – steht das deutsche „Konfliktmodell" gegenüber: Ich habe Recht, und ich werde sehr gründlich vorgehen, um das zu beweisen. In Diskussionen betonen die Niederländer das Gemeinsame und gehen in dem, was die Parteien trennt, pragmatische Kompromisse ein. Sie sagen, dass sie dem anderen ziemlich weit folgen können und gießen anschließend Wasser in den Wein.

In Deutschland bildete der Adel bis ins 20. Jahrhundert die soziale Elite und gewährte dem Bildungsbürgertum keinen Zugang zu seinen Kreisen. Das akademisch gebildete Bürgertum trug keine Regierungsverantwortung und widmete sich Diskussionen und scharfen Rededuellen. Weil es keine politische Macht besaß, konnte sich das Bürgertum weitgehenden Idealismus erlauben: Intellektuelle Klarheit galt mehr als Pragmatismus. Kompromisse wurden als Frevel und typische Krämerlösungen angesehen.

Auf seiner Meinung zu beharren, gehört sich nicht für Niederländer; dem anderen von vornherein Recht zu geben, erscheint Deutschen völlig verrückt. Diskussionen zwischen Niederländern und Deutschen werden daher von den Niederländern schnell als Streit angesehen und von den Deutschen als uferloses Gerede.

Der Kleine-Nachbarn-Komplex

Kontakte zwischen jungen Deutschen und Niederländern verlaufen in der Regel leicht und angenehm; sie haben viele Gemeinsamkeiten und können sich schnell in die jeweils andere Wirklichkeit hineinversetzen. Deutschland ist bei weitem der wichtigste Handelspartner der Niederlande. Die niederländisch-deutsche Grenze ist die im Wortsinn beliebteste in Europa. Nirgendwo sonst in Europa flirten, lieben und heiraten sich mehr Nachbarn als Niederländer und Deutsche.

Daher leben in den Niederlanden gut 400 000 Deutsche, das heißt, Menschen, die selbst Deutsche sind oder von denen wenigstens ein Elternteil deutscher Nationalität ist.

Das Trauma des Zweiten Weltkrieges ist für die jüngeren Niederländer nicht mehr so wichtig, ihre Wirklichkeit ist geprägt von der Globalisierung, vom Wegfallen der Grenzen in Europa und von der neuen gemeinsamen Währung.

Wenn Niederländer per se anders sein wollen, dann liegt das am „Kleine-Nachbarn-Komplex", von Freud als „narzisstische Differenz" bezeichnet. Bewohner kleinerer Länder haben ein starkes Abgrenzungsbedürfnis, und weil die eigene Identität meist etwas Positives ausdrückt, liegt es nahe, das Negative dem anderen Volk zuzuschreiben. Sie neigen dazu, ungeliebte Eigenschaften auf die Bewohner des größeren Nachbarlandes zu projizieren: Niederländer haben dafür die Deutschen, die Norweger, Dänen und Finnen die Schweden, die Iren die Engländer und die Belgier die Niederländer.

Große Nachbarn sind all das, was kleine Nachbarn nicht sind. Schlechte Eigenschaften, die kleine Nachbarn nur sporadisch zeigen, sind bei ihren großen Nachbarn stabile Charakterzüge. Wer den anderen arrogant, dominant, laut, besserwisserisch und humorlos nennt, auf den trifft all das natürlich selbst nicht zu. Diese Eigenschaften werden von den Niederländern am häufigsten als typisch deutsche Attribute genannt. Die Deutschen allerdings, die sie als Nachbarn, Kollegen, Freunde kennen lernen, entpuppen sich ausnahmslos als „nicht typische" Deutsche, als normale Menschen, wie sie selbst. Das ist als Kompliment gemeint, und Deutsche nehmen es mit einem Schulterzucken hin.

Stereotypen und Klischees

Die internationale Anziehungskraft von Stereotypen und Klischees ist groß und gilt für alle Völker und Zeiten:

Der Kapitän eines sinkenden Schiffes versucht seine Passagiere zu überreden, auf die Schlauchboote im Meer zu springen. Keiner springt. Der erste Steuermann sagt: „Lass mich mal machen." Alle springen. „Wie hast du das bloß geschafft?", fragt der Kapitän. „Ganz einfach", antwortet der Steuermann: „Zu den Japanern habe ich gesagt, dass es stark macht, zu den Amerikanern, dass sie versichert sind, zu den Engländern, dass es sportlich ist, zu den Italienern und den Niederländern, dass es verboten ist und zu den Deutschen, dass es ein Befehl ist."

Deutsche verbinden mit den Niederlanden zwei negative Stereotypen: Niederländer sind geizig und stärker antideutsch als die Bewohner anderer europäischer Länder. Tatsächlich gab es bis in die neunziger Jahre in der niederländischen Gesellschaft öffentlich – nicht privat – einen anti-deutschen Reflex, vor allem bedingt durch die Gräuel des Zweiten Weltkrieges. Durch die jährlichen Gedenkrituale Anfang Mai wurde der Zweite Weltkrieg zum wichtigsten Bezugsraster für die Haltung zu Deutschland. Die Kriegserinnerung wurde intensiver gepflegt als in Frankreich oder Belgien, weil die Niederlande im Ersten Weltkrieg neutral gewesen waren und die Schrecken des Krieges damals nicht am eigenen Leib erlebt hatten.

Die anti-deutsche Einstellung in den Niederlanden wurde 1994 durch einen Artikel des Nachrichtenmagazins *Der Spiegel* („Frau Antje in den Wechseljahren") in Deutschland öffentlich thematisiert – genau zu der Zeit als eigentlich schon ein Umschlagen der Stimmung spürbar war. Die niederländische Regierung reagierte alarmiert und stellte kurzfristig Geld für die Gründung von drei Deutschland-Instituten zur Verfügung, um das Wissen über das moderne Deutschland zu vergrößern und anti-deutsche Vorurteile und negativ besetzte Stereotypen zu bekämpfen.

Als 1995 in der bosnischen Enklave Srebrenica serbische Truppen zu Tausenden männliche Moslems abtransportierten und ermordeten, während die niederländische UN-Schutztruppe untätig zusehen musste, war es vorbei mit dem rechthaberischen Moralismus und der Schuldlosigkeit der Niederländer. Anti-deutsche Gefühle haben heute – wo sie überhaupt noch existieren – vor allem mit dem Kleine-Nachbarn-Komplex und mit Fußball zu tun, sehr viel weniger mit realen Erfahrungen.

Verwandtschaften

Niederländer haben seit jeher Nachdruck auf das gelegt, was sie von den Deutschen trennt, während die Deutschen dagegen gerade die Verwandtschaft betonen. Amerikaner und Engländer können überhaupt keine Unterschiede zwischen Niederländern und Deutschen ausmachen. Sie sagen: *„The Dutch are just like Germans, but they needn't be sorry for it"* – Holländer sind wie Deutsche, nur müssen sie sich dafür nicht entschuldigen. Niederländer dagegen finden absolut nicht, dass sie den Deutschen ähneln und räumen eventuelle Missverständnisse über nationale Verwandtschaften sofort aus dem Weg.

Deutsche dagegen halten die Niederländer zwar für knickerig und anti-deutsch, aber dennoch im Ganzen für ein sympathisches Völkchen. In ihren Augen sind Niederländer tolerant, flexibel, locker, liberal, unkonventionell, pragmatisch, und sie haben Gefühl für Humor. Niederländer erkennen sich nur allzugern in dieser Aufzählung wieder. Eine gewisse Selbstgefälligkeit ist ihnen nicht fremd.

Ihre Sympathien für Deutsche stellen sie nicht öffentlich zur Schau, dennoch haben gerade ältere Niederländer enorme Hochachtung vor Pünktlichkeit, Ordnung, Fleiß, Disziplin, Genauigkeit, Professionalität, Sachlichkeit und Zuverlässigkeit. Jüngere dagegen finden das Deutschland von heute cool, die Berliner Republik sexy und haben fern aller Mentalitätsanalysen erkannt, dass man mit dem großen Nachbarn seinen Spaß haben kann.

Dik Linthout, *Jahrgang 1943, ist Schriftsteller und hält in den Niederlanden Vorlesungen über Deutschland. Sein Buch „Unbekannte Nachbarn" erscheint auf Deutsch im Berliner Christoph Links Verlag.*

Ware Kunst für bare Münze: Detail aus Rembrandts Gemälde, das Susanna van Collen und Tochter zeigt (s. S. 57). Ein Gulden wechselt von Mutter zu Tochter – Symbol für den Reichtum der Bürger und deren Einfluss auf die Malerei

Rembrandt Harmenszoon van Rijn zog 1631 nach Amsterdam. Statussymbole der feinen Gesellschaft und als Spekula

Foto: Wallace Collection

Die goldene Zeit der käuflichen Kunst

Text: Verena Auffermann

Seine Porträts machten ihn reich und berühmt. Gemälde waren damals die tionsobjekte begehrt. Als des Meisters Stil nicht mehr gefiel, kam der Ruin

Im Empfangsraum des Hauses in der Jodenbreestraat 4 begrüßte der Meister seine Kunden. Rembrandt galt als Geschäftsmann. Seine Schüler malten zum Spaß Geldstücke auf den Boden, damit er sich danach bückte

Susanna van Collen und ihre Tochter Anna (um 1633), Wallace Collection, London

Kein Fahrrad kann die Spitzen meiner Schuhe überrollen, ich stehe dicht an der Backsteinwand, Jodenbreestraat 4. Im Kopf spule ich die Zeit 350 Jahre zurück. Die *fiets*, wie man in Holland Fahrräder nennt, waren noch nicht erfunden. Und der Grundriss von Amsterdam sah auf Joan Blaeus Karte von 1649 wie ein Halbmond aus. Oder wie ein von Mäusen angenagter Käse.

Statt in Jeans und Anorak bewegten sich Amsterdamer Bürger wie der Schiffsbauer Jan Rijksen und seine Frau Griet Jans behängt mit Kaskaden von schwarzem, schwerem Stoff durch die Straßen. Die Kragen waren mühlsteingroß, weiß gefältelte Stoffräder von so gewaltigen Dimensionen, dass ihre Träger nicht auf die silbernen Schnallen ihrer Schuhe blicken konnten.

Wie sind diese Herrschaften an den Grachten entlangpromeniert, ohne ins Wasser zu fallen? Wie sind sie die steilen Katzenstiegen ihrer Häuser hinaufgekommen, auf deren Stufen man die Füße quer stellen muss?

Porträts fürs Prestige: Wer für Gemälde Modell stand, war wichtig und reich

Sie werden den Ballast im so genannten „Anteraum" fallen gelassen haben, über den auch das Haus in der Jodenbreestraat 4 verfügt. Die Stoffballen und plissierten Krägen, zur bürgerlichen Abwandlung einer Ritterrüstung aufgebauscht, scheinen nichts anderes auszudrücken als: Bleib' mir vom Hals, ich bin reich und damit unnahbar.

Rembrandt Harmenszoon van Rijn wohnte damals in der Jodenbreestraat. 1633 hat er hier das Schiffsbauer-Paar gemalt, zwei Jahre nachdem er, der Müllerssohn, von Leiden nach Amsterdam gezogen war, gedrängt von Constantijn Huygens, einem Sekretär im Dienst des Prinzen von Oranien.

„Verabschiede Dich von Leiden, dem calvinistischen Dorf, in dem es noch nicht einmal eine Künstlergilde gibt. Dort wirst du den Ruf des ‚Orientalen', der sich auf alte Leute und Soldaten spezialisiert hat, nicht los. Komm, wenn du schon partout nicht wie Rubens, van Dyck und die vielen anderen nach Italien gehen willst, wenigstens nach Amsterdam." So etwa

Foto: Arne Hodalic

Die „Nachtwache" im Rijksmuseum komponierte Rembrandt 1642 gegen alle Konventionen. Die Porträtierten im dunklen Hintergrund

wird Huygens zu Rembrandt gesprochen haben. Huygens wusste, dass er mit dem Nachwuchstalent einen dicken Fisch an der Angel hatte, gut zu vermarkten, dazu ein bisschen dämonisch. Ein Künstler mit einem neuen Stil, bereit, die Grenzen des Genres zu überschreiten.

Wenigstens für ein paar Jahre unter dem prestigeträchtigen Mäzenatentum des Hauses Oranien sollte Huygens mit seiner Prognose Recht behalten. Zwischen 1632 und 1636 entstanden: „Die Anatomie des Dr. Tulp" (Den Haag, Mauritshuis), „Saskia als Flora" (St. Petersburg, Eremitage), etliche Selbstbildnisse, darunter das mit „Samtbarett und einem Mantel mit Pelzkragen" (Berlin, Gemäldegalerie), das Porträt des „Marten Looten" (Los Angeles County Museum of Art), „Die Entführung des Ganymed" (Dresden, Gemäldegalerie) und die „Blendung Samsons" (Frankfurt am Main, Städelsches Kunstinstitut).

Rembrandt lebte in dieser arbeitsreichen Zeit im Haus des Kunsthändlers Hendrik Uylenburgh in der Jodenbreestraat 2; im Jahr 1639 zog er mit seiner Frau Saskia, der Nichte Uylenburghs, nach nebenan in die Nummer 4. Saskia, dieses *schatje*, Schätzchen, mit rundem Kinn und einfältigem Lächeln. In vielen Mutationen sollte sie in die Kunstgeschichte eingehen, mit Schleier, lachend, mit Strohhut, schlafend im Bett, verkleidet als Hure, Diana und Potiphars Weib, als Flora und Susanna im Bade.

Der alte Meister als Jungunternehmer. Rembrandts Talent war sein Kapital

Auch sein eigenes Gesicht hat Rembrandt oft zum Schauplatz gemacht. Schon als ganz junger Maler jonglierte er mit der Verführbarkeit der Physiognomie. Wenn er eitle Herrschaften, stattliche Amsterdamer Amtsherren malen musste, zeichnete er ihnen Furcht, Grimm, Stolz, Dummheit und Dunkelheit ins Gesicht.

Um das berühmte Großformat „Die Nachtwache" anfertigen zu können, mussten 1642 Decken und Wände aus dem verwinkelten Gebäude herausgerissen werden – kein mittelmäßiger Künstler wäre heute mit einem solchen Atelier zufrieden. Im Jahr 2000 wurde das renovierte Rembrandthuis um einen nicht sonderlich gelungenen Ausstellungsanbau erweitert.

Nebenan, im Café Rembrandts Corner, hängt über dem Tresen die „Nachtwache" in einer haarsträubenden Reproduktion. Doch die psychedelische Beleuchtung erinnert an Rembrandts geniale Technik, nur Gesicht und Hände anzustrahlen und die Porträts zum Rand hin verglimmen zu lassen. Mit diesem Hell-Dunkel-Effekt nahm er eine wesentliche Erkenntnis der Moderne vorweg: Je schemenhafter der Strich, desto nachhaltiger der Eindruck.

fühlten sich betrogen

Wenig ist original im Rembrandthuis. Das üppige Bett in der Kammer ist nicht das, in dem Rembrandt und Saskia vier Kinder gezeugt haben, die ihnen bis auf den Sohn Titus alle wegstarben. Es liegt auch keine Patina auf den Stücken in Rembrandts Raritätensammlung, auf den Muscheln, Schlangenhäuten, Walfischzähnen, Elchgeweihen, Globen, Musikinstrumenten, auf den ausgestopften Tieren, den Waffen, Pokalen, Gipsköpfen und Büchern. All diese Utensilien, die teils in seinen Bildern auftauchen, sind ebenso wie die Möbel und Kunstwerke aus dem 17. Jahrhundert hier nur aufgestellt worden, um einen möglichst plastischen Eindruck von Wohn- und Arbeitsräumen des Künstlers zu vermitteln.

1658 ging Rembrandt bankrott. Als Saskia 1642 starb, war er noch ein reicher und berühmter Künstler, der allein an seinen Schülern über 2500 Gulden im Jahr verdiente. Doch dann blieben die Aufträge aus. Gesellschaftliche Verbindungen bröckelten, und mit der eigenwilligen Komposition der Nachtwache verscherzte er sich die Sympathien potenzieller Kunden. Aus der Jodenbreestraat musste er in eine Mietwohnung in der Rozengracht 184 ziehen. Ein Großteil seines Besitzes wurde versteigert. Die Liste des Konkursverwalters war Basis für die rekonsturierte Sammlung im Rembrandthuis.

In seiner neuen Nachbarschaft, einer Arme-Leute-Gegend, fand der Maler Modelle für alttestamentarische Patriarchen, Weise und Heroinen. Sehr oft malte er seinen Sohn Titus und Hendrickje Stoffel, seine Lebensgefährtin nach Saskias Tod. Zwei Tage bevor Rembrandt am 4. Oktober 1669 starb, schaute sich der Antiquitätenhändler Brederode schon einmal vorsorglich in der Rozengracht um. Viel war nicht mehr da, die enthäuteten Arme und Beine, die dem Künstler 1632 vielleicht für das Bild „Die Anatomie des Dr. Tulp“ als Anschauungsmaterial gedient hatten, standen noch herum, kein Gläubiger hatte sie haben wollen.

Rembrandts Erfolg wie auch sein Bankrott stehen beispielhaft für die Entwicklung der gesamten niederländischen Gesellschaft während des Goldenen Jahrhunderts. Wie konnte ein so kleines Land mit damals weniger als zwei Millionen Einwohnern, das kaum natürliche Rohstoffe besaß, zur Wirtschafts- und Weltmacht des 17. Jahrhunderts aufsteigen?

Die gängige Erklärung zielt auf den Zusammenhang zwischen Calvinismus und Prosperität: Gesellschaftlicher

Rembrandt und seine Muse: Das Selbstbild des Malers (Gemäldegalerie Kassel) entstand zwischen 1625 und 1631, kurz vor dem Umzug nach Amsterdam. Dort heiratete er Saskia van Uylenburgh (Gemäldegalerie Dresden). Bilder von ihr als Schäferin, Diana oder Kurtisane fanden reißenden Absatz

Ein Bild, in das sich van Gogh verliebte: „Isaak und Rebekka" (um 1663), Rijksmuseum

Wohlstand ergab sich danach quasi als Nebenprodukt des Strebens nach christlicher Erlösung.

Für Marten Jan Bok, Wissenschaftler am Amsterdamer Zentrum für Studien über das Goldene Jahrhundert, ist dies nur ein Mythos. Nur knapp die Hälfte der Niederländer habe damals überhaupt einer Kirche angehört. Entscheidend sei gewesen, dass man das Wirtschaften gelernt hatte, nicht nur mit der knappen Ressource Land. Vom Fischfang über die Tulpenmanie bis zum Kunsthandel – der Kapitalismus regierte.

1609 wurde in Amsterdam die Wisselbank gegründet und damit das monetäre Chaos aufgehoben. Es gab jetzt ein Clearingsystem für Zahlungsansprüche und -verpflichtungen, Kaufleute konnten Wechsel ziehen und ausstellen. Aktienbesitz und Investitionen in Schiffe waren sozial breit gestreut.

Eine Zeit lang bestimmte die Tulpenzwiebel das Warentermingeschäft. Die Züchtung „Semper Augustus" kostete 5000 Gulden, so viel wie ein Haus mit großem Garten. Die Dämme des Verstandes, calvinistische Kardinalstugenden wie Vernunft und Maßhalten, waren gebrochen. Tulpenzwiebeln wurden hysterisch gehandelt und wechselten ihre Besitzer bis zu zehn Mal am Tag.

Die Stadt verfiel der Manie, die Preise kletterten ins Unermessliche. Als ein Haager Schuster eine schwarze Tulpe anbot und dafür 1500 Gulden verlangte, sagten die Händler: „Du Idiot. Hättest du von uns 10000 Gulden verlangt und noch ein paar Pferde, wir hätten gezahlt." Verächtlich schmissen die Herren die schwarze Tulpe auf den Boden und trampelten darauf herum.

Der Markt regiert. Teuer ist, was knapp ist. Zu viel Kunst verdirbt den Preis

Amsterdam pulsierte, als Rembrandt hierher zog. 1631, in seinem ersten Jahr in der Stadt, porträtierte er den Pelzhändler Nicolaes Ruts im Zobelmantel, den Kopf mit einem weichen Pelzhut bedeckt. Holländer waren damals die eifrigsten Fuhrleute der Welt, schrieb der Schriftsteller Daniel Defoe. „Sie kaufen, um wieder zu verkaufen, sie führen ein, um auszuführen." Reichtum wurde gegen alle guten Vorsätze gezeigt. Man trug edle Stoffe und Diamanten, trank Wein, schmückte die Patrizierhäuser mit Girlanden, Voluten und Muscheln und beauftragte Maler, die eigene Person in Porträts zu verewigen. Das Bild des Pelzhändlers Ruts, das heute in der New Yorker Frick Collection hängt, verhalf Rembrandt zu neuer Kundschaft. Bald kamen die Interessenten scharenweise.

Nach 1640 war der Kunstmarkt verstopft. „Strukturelle Überproduktion" ist die Erklärung der Historiker. Das Angebot überstieg die Nachfrage. Die Maler produzierten zu viel, die Preise verfielen, selbst wer nur durchschnittlich verdiente, konnte sich wertvolle Kunstschätze leisten.

Der englische Reisende John Evelyn schrieb 1641 in sein Tagebuch, dass die niederländischen Bauern, da ihnen das Land für Investitionen fehlte, 2000 bis 3000 Gulden in Bildern anlegten. Nach einer Schätzung aus dem Jahr 1987 besaß im 17. Jahrhundert ein Haushalt im Durchschnitt mehr als zehn Gemälde. Auf elf Generationen hochgerechnet ergab das eine Gesamtzahl von neun Millionen Bilder. Ein Maler schuf zwei Gemälde pro Woche, 480 in einem Künstlerleben.

Rembrandt verlangte in seiner Blütezeit für ein Dreiviertelporträt 100 Gulden. Lehrlinge bekamen im Haus des Meisters zwar ein Bett und etwas zu essen, sie durften aber ihre Bilder nicht signieren und zahlten für den Unterricht bei Berühmtheiten wie Rembrandt, Honthorst oder Dou bis zu 100 Gulden pro Jahr.

Auch bezahlte Lehrjahre waren keine Herrenjahre. Erst rieb man ein Jahr lang Farben, spannte Leinwände auf, säuberte Paletten und Pinsel, dann begann das Zeichnen nach Stichen, Gipsmodellen und anatomischen Figu-

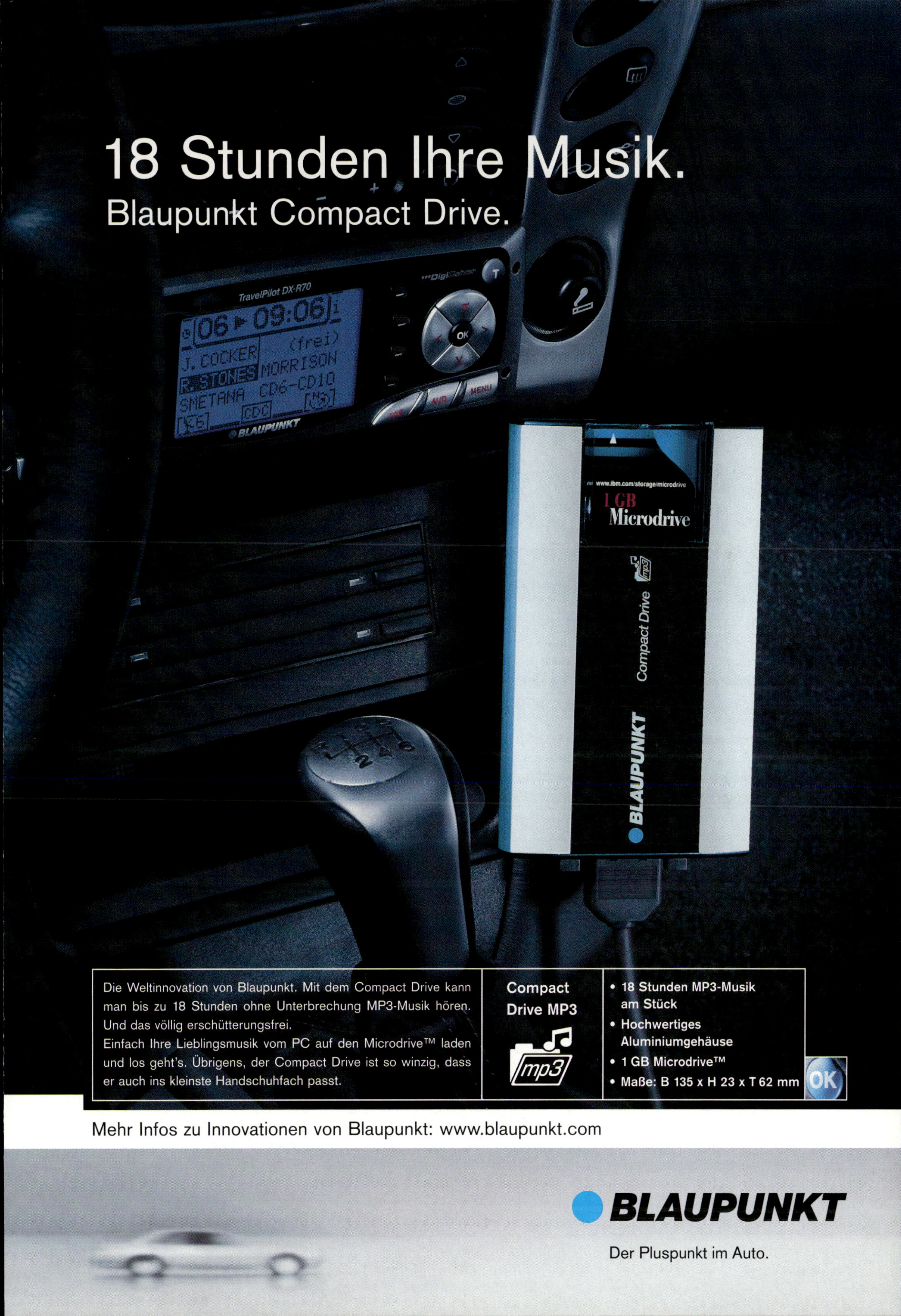
18 Stunden Ihre Musik.
Blaupunkt Compact Drive.
TravelPilot DX-R70
06 ▶ 09:06
J. COCKER (frei)
R. STONES MORRISON
SMETANA CD6-CD10
CDC
BLAUPUNKT
MENU
OK
www.ibm.com/storage/microdrive
1 GB
Microdrive
mp3
Compact Drive
BLAUPUNKT
Die Weltinnovation von Blaupunkt. Mit dem Compact Drive kann man bis zu 18 Stunden ohne Unterbrechung MP3-Musik hören. Und das völlig erschütterungsfrei.
Einfach Ihre Lieblingsmusik vom PC auf den Microdrive™ laden und los geht's. Übrigens, der Compact Drive ist so winzig, dass er auch ins kleinste Handschuhfach passt.
Compact Drive MP3
mp3
• 18 Stunden MP3-Musik am Stück
• Hochwertiges Aluminiumgehäuse
• 1 GB Microdrive™
• Maße: B 135 x H 23 x T 62 mm
OK
Mehr Infos zu Innovationen von Blaupunkt: www.blaupunkt.com
BLAUPUNKT
Der Pluspunkt im Auto.

Staunende Blicke, damals wie heute: „Die Anatomie des Dr. Tulp" im Den Haager Mauritshuis

ren. Die Produktion der Gemälde war perfektioniert, oft „nass in nass", nur in Braun- und Weißtönen gehalten, damit die Ölfarbe nicht lange trocknen musste, sondern ineinander fließen konnte. Die säkularisierte Gesellschaft hatte für Kunst genug Geld übrig, gab aber noch zehnmal mehr für Silber und Schmuck als für Gemälde aus.

Zwanzig Prozent der Kunstproduktion des 17. Jahrhunderts wurde durch privates Mäzenatentum gestützt. In diesen Kreisen zahlte man besser als im regulären Handel, manchmal sogar astronomisch viel. Doch die meisten Künstler waren Einzelhändler. Sie produzierten und verkauften auf eigenes Risiko und waren in der Regel eher den ökonomischen Umständen unterworfen, als dass sie diese bestimmen konnten.

Viele von ihnen handelten, wie Rembrandt, nicht nur mit ihren eigenen Werken, sondern auch mit denen anderer. Agenten und Vermittler durchkämmten das Angebot und exportierten die Werke. Doch Gemälde wurden auch in Rahmenhandlungen, Buchläden, Tavernen, Brauereien und Bäckereien angeboten. Kunst wurde getauscht und verlost. Der Tausch von sechs Gemälden gegen einen Garten ist verbürgt, Gemäldelotterien erwirtschafteten in der ersten Hälfte des 17. Jahrhunderts fast 17 000 Gulden.

Werke aus dieser Zeit sind in großer Zahl erhalten. Sie füllen europaweit die Museen, da an den englischen, dänischen und schwedischen Hof verkauft wurde, nach Prag, Wien, Berlin, Düsseldorf, Kassel und München. Man kennt sie, jene halbdüsteren Kojen, die man, wie aus einem fahrenden Zug, schnell über die flachen Landschaftsansichten gleitend, durchquert.

Der Amsterdamer Kunstkäufer des Goldenen Jahrhunderts erwarb ein Bild, um damit sein Haus zu schmücken und sich daran zu erfreuen. Belehrungen ließ man sich gefallen, wenn sie in Stillleben und Genredarstellungen, in wurmstichigen Äpfeln, welkenden Blüten, Seifenblasen und Stundenuhren versteckt waren. „Schöne" Bilder mit Blumen und Früchten, ohne moralische Botschaft, ersetzten zunehmend die alten Memento-Mori-Stillleben.

Bilder für die Bürger: Kunst wird getauscht, verlost und beim Bäcker verkauft

Der zuvor unter den Spaniern florierende Handel mit Heiligendarstellungen wurde abgelöst von der Lust auf Selbstdarstellung und weltliche Unterhaltung. In der vom Kommerz geprägten Gesellschaft war die Grenze zwischen Liebhaberei und Händlertum durchlässig. Aus dem Amateur wurde ein *gentleman-dealer* oder umgekehrt: Der Kaufmann Herman Becker kam aus Riga nach Amsterdam, er verdiente im Ostseehandel, kaufte und verkaufte Aktien und Immobilien, sammelte Bilder und verlieh Geld.

Rembrandt schuldete Becker im Jahr 1668 die Summe von 1082 Gulden. Die 14 Rembrandts in seiner Sammlung hat der Geschäftsmann jedoch zum überwiegenden Teil gekauft und nicht, wie die ältere Literatur suggeriert, dem verarmten Maler, der im Tulpenfieber viel Geld verloren hatte, „abgepresst". Um 1900, über 200 Jahre nach Rembrandts Tod, wurde eine prächtig gefederte und gestreifte Tulpe in braunen, senfgelben und trübpurpurnen Tönen „Rembrandt" getauft. Später sagte man der „gebrochenen" Blume nach, sie löse Krankheiten aus.

Im Rijksmuseum hängt nicht nur Rembrandts „Nachtwache", sondern auch sein um 1663 entstandenes Gemälde „Isaak und Rebekka". Vincent van Gogh hatte sich in dieses Bild so heftig verliebt, dass er 1885 seinem Freund Fred Kerssemakers gestand: „Und das ist mein Ernst, dass ich zehn Jahre meines Lebens darum gäbe, wenn ich hier vor diesem Bild 14 Tage lang sitzen bleiben könnte, nur mit einem Stück trocken Brot."

Solche Leidenschaft elektrisiert. Ich verlasse die Jodenbreestraat, gehe durch die Stadt zum Rijksmuseum, setze mich dort auf die dunkle Lederbank vor Rembrandts Bild. Das Rot und das Gold von Isaaks und Rebekkas Gewändern fließen ineinander. Das ist reine Malerei. Mit Geld nicht zu bezahlen.

Verena Auffermann *ist Literatur- und Kunstkritikerin bei der* Süddeutschen Zeitung. *Im Amsterdamer Rijksmuseum entdeckte sie vor vielen Jahren Rembrandts reine Malerei für sich.*

„Brandheiße Reiseangebote gibt's bei T-Online Travel. Ob Pauschalurlaub oder selbst organisiert: einfach in Ruhe zu Hause auswählen ...“
T-Online Travel
T-Online Travel bietet die komplette Reisevielfalt auf einen Klick! Von der Pauschalreise oder attraktiven Last-Minute-Angeboten bis hin zu Flügen, Hotels und Mietwagen: einfach online vergleichen, nach Belieben kombinieren und direkt buchen. Bequem von zu Hause aus – rund um die Uhr. Natürlich erfahren Sie bei T-Online Travel auch alles Wissenswerte über Ihr Urlaubsziel, das Wetter dort und, und, und. Reisen Sie nicht auf gut Glück, sondern mit T-Online Travel.
Deutschland geht T-Online. Gehen Sie mit.
Infos: www.travel.t-online.de
„... und sofort buchen!“
T··Online···

DIE WELT NEU ENTWERFEN

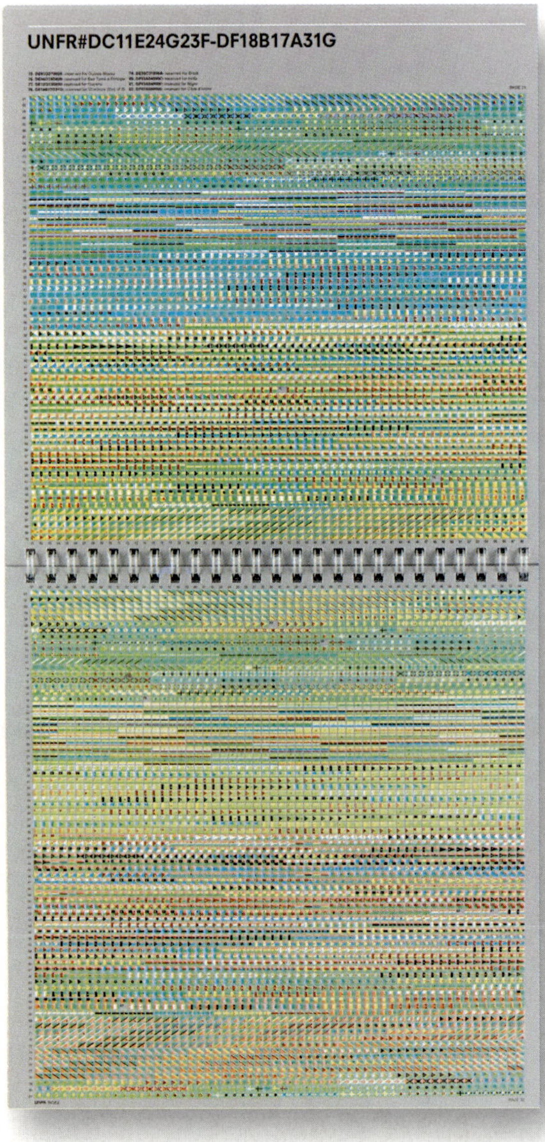

Flaggenparade: Bei UNFR werden Hoheitssymbole zu ironischen Chiffren

ARJAN GROOT produziert Fahnen für Phantom-Nationen

Die Staatengemeinschaft in neuen Farben: 177 489 Flaggen für ebenso viele Länder führt die Universal Authority for National Flag Registration (UNFR) im Musterkatalog. Hinter dem Kürzel steckt keine internationale Behörde, sondern Arjan Groots Design-Konzept. Aus Elementen existierender Flaggen kombinierte er ein System registrierfähiger, bislang nicht benutzter Hoheitssymbole, endlos fortsetzbar und grenzenlos variabel. Groot hat sich mit drei Kollegen zum Design-Büro (020)-ontwerpers zusammengeschlossen.

GRAFIKDESIGN AUS AMSTERDAM steht für Witz und Einfallsreichtum. Die Stadt zieht Kreative magisch an, schon über 450 Designer haben hier Büros eröffnet, aus Holland und dem Rest der Welt. Sie fühlen sich unabhängig und scheren sich nicht um Konventionen. Ihr Leitmotiv: Design kann Kunst sein, Kommerz oder Spaß. Drei eigensinnige Beispiele

→ → →

Mysteriöse Botschaften: Durch BEZET wird die Plastiktüte zum Kultgegenstand

BEZET macht aus Tragetaschen Tauschobjekte

Tüten aus Amsterdam: Die drei Designer Mark Klaverstijn, Leonard van Munster und Paul du Bois-Reymond gestalteten schnöde Transportbehältnisse zu spannenden Medien um. Unter dem Projektnamen BEZET ließen sie Plastiktüten mit Botschaften bedrucken. Die Entwürfe, mal Slogans, mal Symbole, wurden gratis in Amsterdam verteilt, so kam frisches Design unters Volk, als Souvenir, als Sammelstück oder als Regenschutz für Fahrradsättel.

PASSEN SIE NACH AMSTERDAM?

Liebe MERIAN-Leser und -Leserinnen, im Voraus bereits vielen Dank für das Lesen dieses Textes. Wir in Amsterdam haben Sie gern als Gäste, aber nicht jeder passt nach Amsterdam, und Amsterdam passt nicht zu jedem. Wir bitten Sie deshalb, diesen Test auszufüllen, damit Sie Amsterdam kennen lernen und wir in Amsterdam uns ein Bild von Ihnen machen können.

Hier fangen Sie an

Sind Sie jemals in Amsterdam gewesen? — nein — Fahren Sie bald nach Amsterdam? — nein

Hat es Ihnen gefallen? — ja

ja — nein — nein — Welcher der folgenden Punkte umschreibt den Zweck Ihrer Reise am besten? — ja

Reisen Sie bald wieder nach Amsterdam? — ja

a nichts zu tun — Haben Sie oft nichts zu tun?

bringen — Bringen oder holen Sie Geld? — b geschäftlich — nein — ja

Wissen Sie, dass die niederländische Konjunktur zu 26 % von der deutschen Wirtschaft abhängt? — holen — c Freunde besuchen — Sind Sie auch freundlich?

Wissen Sie, dass 1629 Amsterdamer die niederländische und deutsche Staatsangehörigkeit besitzen? — d Verwandte besuchen — nein

nein — ja — e Urlaub — Sind Sie ein echter Tourist?

nein — ja — f andere persönliche Gründe .... — ja — nein

Was wird / hat Ihnen am besten / wenigsten gefallen? — Laufen Sie gerne mit einem Touristenstadtplan durch die Straßen?

ja — Wissen Sie, dass die Hunde in Amsterdam täglich 69 384 kg Kot auf den Straßen hinterlassen? — a die Tauben — Wissen Sie, dass 38 348 Tauben in Amsterdam herumfliegen? — nein — Folgen Sie am liebsten Ihrer eigenen Nase? — nein — ja

nein — b die Hundescheiße — ja — ja

c die Taschendiebe — Wissen Sie, dass im Jahr 16 576 Taschendiebstähle in der Stadt gemeldet werden?

Wissen Sie, dass die Grundfläche der Stadt zu 13,3% aus Wasser besteht? — ja — d die Grachten — Wissen Sie, dass Amsterdam über mehr als 224 Kilometer Fahrradwege verfügt? — ja — nein — ja

Wissen Sie, dass 244 128 Deutsche im Jahr 481 479 Nächte in Amsterdam verbringen? — e die Fahrradwege — nein — Haben Sie Taschen?

nein — f die deutschen Touristen — Wissen Sie, dass 49 % der Bevölkerung von Amsterdam männlich und 51 % weiblich sind? — ja — ja — nein

ja — g die hübschen Holländer — nein — Sind Sie weiblich?

Wissen Sie, dass man auch auf dem Rückweg aus Holland höchstens 120 km/h fahren sollte? — h die guten Deutschkenntnisse der Holländer — Sprechen Sie sehr gut holländisch? — ja — ja

i das Essen — Essen Sie im Ausland am liebsten Schnitzel? — nein

nein — ja — j die Rückfahrt — Trinken Sie am liebsten Bier? — ja — nein — Gehen Sie lieber zu einer der 18 McDonalds-Filialen in Amsterdam?

Haben Sie immer noch Lust, nach Amsterdam zu fahren? — Gefällt Ihnen das wässrige holländische Bier? — ja — nein

Meinen Sie, dass der viele Schaum im holländischen Bier mit der Filzigkeit der Niederlande zusammenhängt? — nein — Haben Sie keinen Geschmack? — ja

Lieben Sie Menschen? — ja — nein — ja — Wissen Sie, dass in Amsterdam 173 verschiedene Nationalitäten registriert sind? — nein — nein — ja

nein — ja — nein

ja — Sind Sie glücklich? — nein

MARTIJN ENGELBREGT organisiert die neue, bunte Medienwelt

Design als Datenmanagement: Das ist der Ansatz von Martijn Engelbregt, der diesen Fragebogen für MERIAN entwarf. Die Methoden der Informationsgesellschaft werden von ihm karikiert, aber auch erfolgreich benutzt. Unweigerlich folgt der Betrachter seinen komplexen grafischen Konstrukten. Engelbregt erhält große Resonanz auf seine Veröffentlichungen und bekommt Antworten auf Fragen, die normalerweise die Privatsphäre berühren. Er führt die Agentur EGBG.

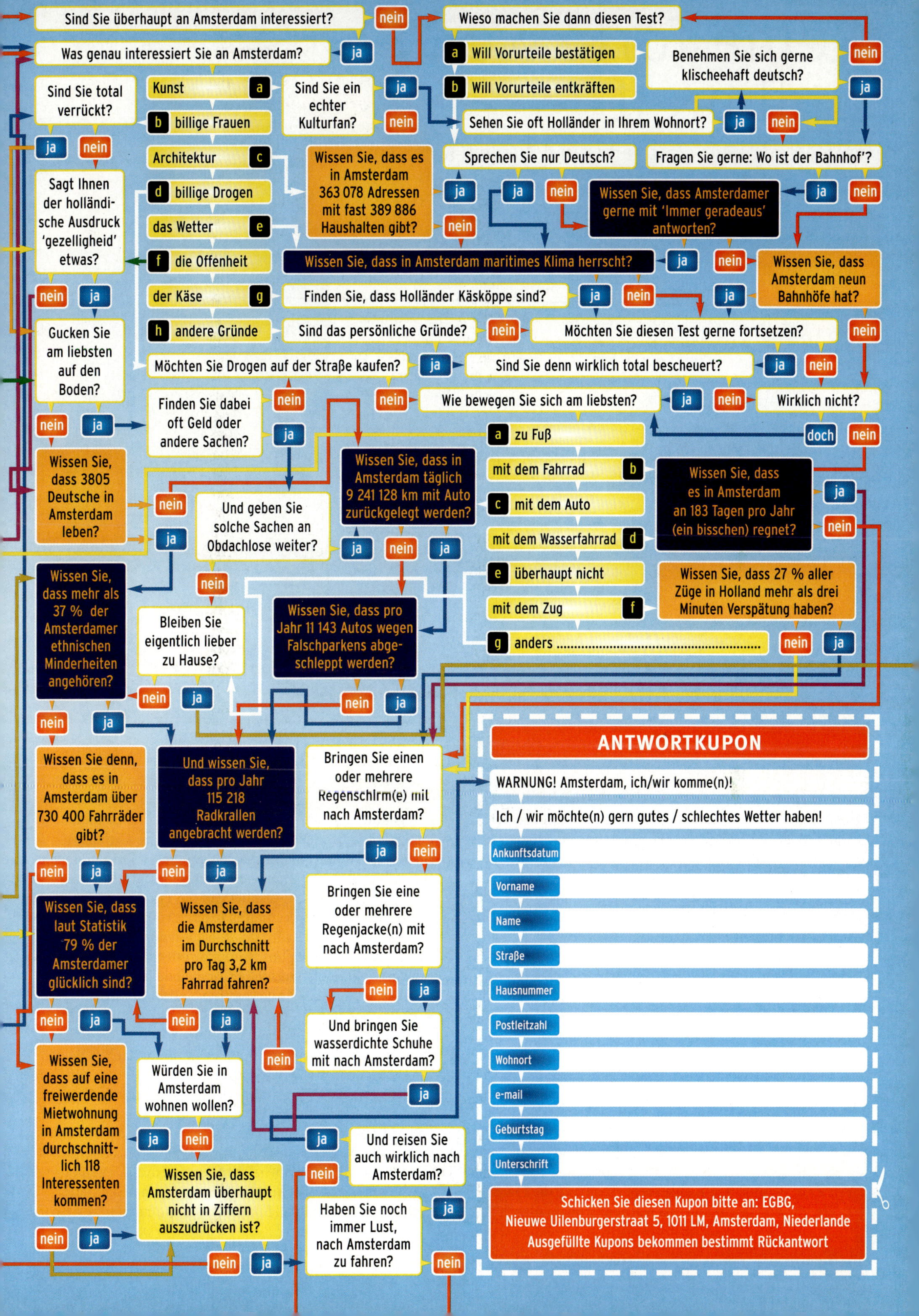

ANTWORTKUPON

WARNUNG! Amsterdam, ich/wir komme(n)!

Ich / wir möchte(n) gern gutes / schlechtes Wetter haben!

Ankunftsdatum

Vorname

Name

Straße

Hausnummer

Postleitzahl

Wohnort

e-mail

Geburtstag

Unterschrift

Schicken Sie diesen Kupon bitte an: EGBG, Nieuwe Uilenburgerstraat 5, 1011 LM, Amsterdam, Niederlande
Ausgefüllte Kupons bekommen bestimmt Rückantwort

Keine Torte weit und breit

Genever und Pils statt Kaffee und Kuchen: Cafés sind in Amsterdam nicht nur für den Plausch am Nachmittag da. Hier wird getrunken, gelacht, entspannt – den ganzen Tag und die halbe Nacht

Text: Elisabeth Wehrmann

Nostalgie an Gleis 2 B: Das Grand Café 1e klas ist ein

Es gibt die glänzenden Großen, die kleinen Braunen, die eleganten Klaren. Sie haben wunderliche Namen, manchmal eine Geschichte, fast immer Charakter. Einige halten sich versteckt im Gewirr der kleinen Gassen, andere stehen unübersehbar auf belebten Plätzen. So eigenwillig wie die Bürger sind die Cafés von Amsterdam: Grand Cafés, die zur gepflegten Selbstdarstellung einladen, edle Probierstuben und Destillerien, wo sich die klaren Sprachen von Schnaps und Geschäft erfolgreich verbinden, und die vielen kleinen Braunen, die *bruin cafés,* wo man sich trifft und trinkt, sich duzt, sich austauscht und anpflaumt, wo man absackt, wieder aufsteht und weitergeht. Da, wo der Amsterdamer „oft zu viel und nie genug kriegt", lebt die gesellige Seele der Stadt.

Wer sie entdecken will, kann gleich am Hauptbahnhof beginnen. Unter dem hohen Kuppeldach wird der hektische Bahnsteig Nummer eins zum „Gleis 2 B". Dunkelrotes Neonlicht kündigt das Grand Café 1e klas an. Eine Glastür lässt sich öffnen, ein Plüschvorhang zur Seite schieben, und schon steht der Reisende in den Kulissen einer anderen Zeit. Vergisst den Lautsprecherlärm und die Durchsagen, die vor Taschendieben warnen, erblickt über holzgetäfelten Wänden grün-rot-goldene Farbkompositionen, leuchtende Orangen, Birnen, Äpfel, verwoben in Pflanzenornamenten, die bis zur Decke wachsen. Eine bleiche Jugendstildame lächelt durch geschwungene Girlanden einem gemalten Kamel zu. Da lächelt man selbst und macht es sich bequem im ehemaligen Wartesaal eines Kolonialreiches; trinkt Tee mit Ausblick auf die Türme und Tore der Hauptstadt, inmitten gemalter Träume von tropischen Paradiesen. Gebraut wird der Tee aus jenem „exzellenten Kraut", das Dr. Cornelius Bontekoe einst im Dienste der Vereinigten Ostindischen Compagnie in die Heimat schickte. Er empfahl es der ganzen Nation, nein, allen Völkern, auf dass sie länger, gesünder und weiser lebten.

Von den Erinnerungen der kolonialen Vergangenheit in die heißen Diskussionen um die multikulturelle Gegenwart ist es nur ein kurzer Spaziergang. Im Café des Kulturzentrums De Balie am Leidseplein treffen sich Amsterdamer Intellektuelle mit Emigranten, Stückeschreibern und Malern, mit Journalisten aus der Karibik, aus Indonesien, („Wir sind hier, weil ihr da wart") aus Surinam und Osteuropa. Debattiert wird, was bewegt: uralte Themen (Liebe und Tod), die aktuelle Politik, Europa, Skandale, Philosophie und Alltag. Filme und Ausstellungen werden links, hinter der Theke, gießt der Barmann einen Bitteren ein (so einen klaren, „grabesbitteren" Schnaps), den es nirgendwo anders gibt.

„Was könnte göttlicher sein, als niederzuknien vor der niedrigen Bar, vor dem randvollen Glas und dann beim ersten Absaugen den gefrorenen Rand auf den brennenden Lippen zu fühlen?", fragt Advokat Quispel in A.F. Th. van der Heijdens Roman „Der Anwalt der Hähne". Er trifft den Punkt. *Proeflokaale* haben ihre Rituale, und in den Drie Fleschjes werden sie gepflegt. Seit 1650, als Rembrandt und Spinoza zur Eröffnung erschienen und noch heute, wenn junge Börsenmakler junge Damen zum „Waldspaziergang" einladen, zu dem man keine Bäume, sondern nur zwei kleine Gläser braucht (für eben den Likör dieses Namens).

Wenn gegen neun Uhr die Probierstuben schließen, führen alle Wege ins *bruin café.* Es mag viele Namen, viele Gesichter haben, es ist und bleibt der Ort, wo (bei allen gepflegten Nuancen und kleinen Unterschieden) das vielfältige Volk von der Amstel vereint beim Bier am Tresen steht. Es sei, sagen die Schriftsteller, die sich bei De Zwart am Spui treffen, ein sicherer Hafen, der Dorfkrug der Großstadt, der Nabel der Welt.

Warteraum zwischen gestern und heute

gezeigt, Bücher geplant, Schriftsteller präsentiert. Dies ist die Kaffeehaus-Kultur der Vor- und Querdenker. Das Gespräch beginnt mit etwas Interesse und einem *koffie verkeerd*, dem falschen Kaffee, einem Milchkaffee.

Gegenüber, auf der anderen Seite des Leidseplein, steht das Café Americain, durchgestylt vom Turm bis zu den Toiletten. Es ist eine Art-déco-Bühne für die großen und kleinen Auftritte durchreisender Stars (früher Mata Hari, heute Mick Jagger), es steht, wo es immer stand, ungerührt, gelassen, teuer. Unprätentiös und postmodern in alten Mauern wirkt dagegen das Grand Café Luxembourg am Spui. Flaneure schätzen es wegen der guten Aussicht; man lässt sich sehen, man wird gesehen.

Wenn die Dämmerung kommt, bei Büroschluss, findet der hart arbeitende Amsterdamer Zeit für einen kurzen Abstecher in ein *proeflokaal*, für einen andächtig geschlürften „Jungen" oder „Alten" (Genever), zum Beispiel in der Gravenstraat. In der Probierstube De drie Fleschjes, hinter der gerade drei Fenster breiten Backsteinfassade mit dem geschwungenen Giebel, öffnet sich ein schmaler Raum. Rechts liegen alte Fässer, aufgestapelt in Regalen,

„Definieren lässt sich das schwer", findet Gaby, die jetzt neben mir sitzt in Wellings Café hinterm Concertgebouw, wo ein altes Plüschsofa steht und kein Stuhl zum anderen passt. „Es heißt zwar einerseits „braun", aber das hat mit Politik nichts zu tun; andererseits nennen wir es Café, aber es ist kein Café. Jedenfalls nicht das, was sich die Deutschen darunter vorstellen. Schau dich um. Kein Sahnekuchen weit und breit."

Stimmt. Stattdessen Menschen. Die vom Concertgebouw in Abendkleidern, die aus der Nachbarschaft in Jeans. Ein Glas und noch ein Glas. Ein Satz und noch ein Satz. Rauch, Schaum, Stimmen. Wir verstehen uns in vielen Sprachen, wir könnten glatt hier und jetzt die Welt verbessern. Oder neue Lieder singen.

Und ich begreife: Was sich hier ereignet, so ungeplant wie selbstverständlich, ist die sprichwörtliche holländische *gezelligheid.* Nicht zu verwechseln mit deutscher Gemütlichkeit, platten Parolen oder bierseliger Schulterklopferei. Was die gezelligheid braucht, ist eine gewisse Neugier, eine lockere Nähe, gemischt mit Witz, mit Ironie und Lust auf ein Gespräch.

Darauf trinken wir noch einen. Und wir halten nüchtern fest: So sicher wie es seinen Namen den vom Tabaksqualm gebräunten Wänden und Decken verdankt, so sicher entzieht sich das kleine Braune denen, die Schall und Rausch in dürren Worten fangen wollen. Ein *bruin café* ist ein *bruin café*, ist ein ... na ja, sagen wir ein Amsterdamer Phänomen. Gehen wir weiter, oder bleiben wir hier?

Elisabeth Wehrmann, *geboren 1947, arbeitet als freie Autorin im südholländischen Delft. Sie lebt seit über 20 Jahren in den Niederlanden und ist noch immer fasziniert von der Vielfalt der Menschen, Getränke und Geschichten in den Amsterdamer Cafés.*

▶ *Adressen im Magazin Seite 118.*

Angekommen in Bijlmermeer: Acht von zehn Bewohnern sind Einwanderer, jeder dritte kommt aus Surinam, bis 1975 Kolonie der Niederlande. Holland ist für sie der Traum von Glück und Geld

Stadt der guten Hoffnung

Die Hochhäuser von Bijlmermeer sollten zur Heimat für den Fortschritt werden. Die Zukunft kam anders als geplant. Aus über 100 Ländern der Welt

Text: Kathrin Sander, Fotos: Max Lautenschläger

„Sei ein guter Nachbar!“ In drei Sprachen steht der Satz auf dem Schild im leeren Hausflur. Einen halben Kilometer lang zieht sich der Korridor an immer gleichen Türen entlang. 500 Wohnungen auf zehn Etagen, gestapelt zu einem von 30 Häuserblöcken, die sich wie lange, gekrümmte Würmer durch das Grün von Bijlmermeer schieben.

„Sei ein guter Nachbar!“ Das ist eine Botschaft aus einer anderen Zeit, als Bauherren und Stadtverwaltung noch dachten, dass Bijlmermeer eine Chance hätte, wenn alle nur nett zueinander sind, den Lift nicht schmutzig machen, ihren Müll nicht über den Balkon werfen und hier bitte nicht mit Drogen dealen.

Jetzt sind es nur noch ein paar Dutzend Menschen, die mit vollem Ernst an das glauben, was im Südosten Amsterdams vor 35 Jahren als „Stadt der Zukunft“ geplant wurde. Und einer von ihnen ist Henk van der Belt. Er wohnt seit über 30 Jahren im Wohnblock Kikkenstein, benannt wie alle Hochhäuser hier nach Bauernhöfen in Westholland.

Henk ist im doppelten Sinn in der Minderheit. Erstens ist er ein „Bijlmer-*believer*“, einer der wenigen, die Bijlmermeer lassen wollen, wie es ist. Nur sicherer, sauberer und schöner natürlich. Zweitens ist Henk Holländer, weiß, dunkelblond, einer, der auffällt in den „Bijlmerflats“, in denen 80 Prozent der Bewohner farbig sind. Henks Nachbarn stammen aus Surinam, von den Niederländischen Antillen, aus Ghana und Nigeria, und die Jets, mit denen sie nach Europa kommen, nennen die Holländer spöttisch „Bijlmer-Express“.

Dabei war alles ganz anders gedacht. In großzügige Wohnungen hatten die Urbanisten gut situierte Familien hineingeplant, „Menschen von heute“, so heißt es in einer Broschüre der Stadt von 1968, sollten das „Lebensklima von morgen“ finden, in

Gottesdienst in der Garage. Sonntags feiern die Anhänger der Emanuel Baptiste Church aus Ghana im Parkhaus des Kraaiennest-Wohnblocks. Ihre Kirche ist eine von 60 in Bijlmermeer

Freiraum für Sprayer und Musiker: Garagen wurden zu Bauruinen. Zu wenige Familien besitzen ein Auto

einer Stadt, die nach den Grundsätzen Le Corbusiers entworfen wurde. Wohnen, Arbeiten, Verkehr, Einkaufen, alles wurde klar voneinander getrennt: Straßen verlaufen auf Stelzen hoch über der Erde, riesige Parkhäuser stehen vor den Wohnhäusern, Geschäfte sind unter Betonbrücken zu kleinen Einkaufszentren gebündelt. Rund um die Blocks nichts als Grün, durchzogen von kurvigen Fuß- und Fahrradwegen.

„Wir waren Pioniere, als wir hier einzogen", sagt Henk. „Wir konnten durch einen beleuchteten Dschungel laufen, die Stare von der Fensterbank füttern, das alles zehn Kilometer von Amsterdams Zentrum entfernt." Leider, leider sei Bijlmermeer ein „megalomanes Projekt", viel zu groß geplant. Die Baukosten fielen höher aus als vorgesehen, und Holländer, die in der neuen futuristischen Stadt wohnen wollten, gab es dann doch nicht genug.

Noch bevor sich die Stadtplaner deswegen Sorgen machen konnten, sagte sich Hollands südamerikanische Kolonie vom Mutterland los, und statt der Familien aus Amsterdam kamen die aus Surinam und zogen in Bijlmermeer ein.

Über 100 Nationalitäten sind heute im Viertel registriert, und das, meint Henk, macht Bijlmermeer so besonders. Es gebe keine Feindseligkeit zwischen den Völkern hier, der Afro-Friseur versteht sich mit dem pakistanischen Schneider, und beide stehen jeden Samstagmittag an der surinamesischen Snackbar. „Alle kommen miteinander aus", sagt Henk, und während er redet, hallen Schüsse von irgendwo aus dem Grün. Sechs Mal. „Sicher ist das Magazin leer", sagt Henk, „mal sehen, wie schnell die Polizei heute kommt."

Bijlmermeer ist ein Rätsel. Vielleicht ein Paradox. Ein Viertel mit über 50000 Einwohnern so groß wie eine eigene Stadt, die schwärzeste Europas, sagen die Leute hier. Statistisch gibt es in Bijlmermeer nicht mehr Gewalt als anderswo in Amsterdam, sagen die Streifenpolizisten, dennoch hat der Stadtteil im Rest von Amsterdam ein schlechtes Image. Bijlmermeer verkörpert die funktionierende multikulturelle Gesellschaft, ist deshalb jetzt erst recht die „Stadt der Zukunft", sagt die Stadtverwaltung. Und lässt das Viertel jetzt abreißen.

Abreißen allerdings ist ein böses Wort. Stadtplaner, Sozialarbeiter, selbst die Bewohner, alle reden von *vernieuwing*, von der Erneuerung. Es werde schließlich nicht nur abgerissen, sondern auch wieder aufgebaut: niedrigere Häuser, kleinere Häuser, auch hohe Türme, aber diesmal auf kleinerer Grundfläche. 1992 begann das *vernieuwing*, über eine Milliarde Gulden (rund 450 Millionen Euro) sind schon ausgegeben, wie viel es bis 2010 noch werden, weiß niemand genau.

„Sie wollen uns raushaben", sagt Guno Nimmermeer. Er sitzt am Plas-

Gummitwist neun Stockwerke über dem Boden. Offene Galerien statt Flure sind das Wahrzeichen der Hochhäuser. Nachbarn sollten gemeinsam die Aussicht genießen

tiktisch und redet im Ton eines schwarzen Rapsängers, was seinem Auftreten den letzten Schliff verleiht: schwarze Bomberjacke, die goldene Nickelbrille in die Stirn geschoben, Goldkette um den Hals, goldene Ringe am Finger. Guno kommt aus Surinam und ist der Chef hier im Faya Lobi, dem surinamesischen Treffpunkt, dessen Name „brennende Liebe" bedeutet.

Faya Lobi residiert zurzeit in einem Container. So lange bis das neue „kulturelle Zentrum" fertig gebaut ist, in dem 130 Quadratmeter für den Verein reserviert sind, und ein großes Büro für Guno dazu. Die Kräne stehen schon, und der Grundriss hängt an der Containerwand, direkt hinter dem Billardtisch, an dem ein paar Männer lustlos Kugeln über Bande schieben.

„Sie wollen alles abreißen und hoffen, dass andere Leute kommen, wohlhabende Leute, die in die hübschen, neuen Häuser ziehen." – Wer hofft das? Guno macht eine Handbewegung: *white people*, die Stadt, das Land, die Verwaltungsgesellschaft. „Sie hätten mit uns reden sollen", sagt Guno. „Die Menschen wollen hier nicht weg. Du kommst aus dem Haus, und es ist grün, Natur." Im schlimmsten Fall, sagt Guno, könnte es sein, dass Jugendliche hier bleiben, „ihre Heimat verteidigen". Und dann? – Er zuckt mit den Schultern.

Guno ist Sozialarbeiter, hat vor drei Jahren Faya Lobi mit aufgebaut, den Kulturverein für Surinamesen fern der Heimat, eine schlichte Kneipe mit Flipper, billigem surinamesischen Essen, Bier und Kaffee. In Holland, sagt Guno, redeten sie immer so viel über Integration, aber gleichzeitig wüssten sie nicht zu schätzen, was sie an Bijlmermeer haben. „Ein Soziallabor, eine gemischte Gesellschaft ohne Aufstände. Bijlmermeer braucht keine Erneuerung, es braucht mehr Aufmerksamkeit."

Einmal, fast zehn Jahre ist das jetzt her, da schaute das ganze Land nach Bijlmermeer, geschockt, betroffen. Am Sonntag, dem 4. Oktober 1992, abends um kurz nach halb sieben, als der Fernseher in den meisten Wohnungen lief, weil ein Fußballspiel übertragen werden sollte, stieg ein Feuerball über Bijlmermeer auf. Ein israelisches Frachtflugzeug war direkt zwischen die Wohnblocks von Groeneveen und Kruitberg gestürzt. Offiziell starben 47 Menschen, wie viele es wirklich waren, weiß niemand, denn zu dieser Zeit, erzählt Pa Sam, lebten eine Menge Menschen illegal im Viertel, viel mehr als heute.

Pa Sam heißt eigentlich Willem Sijmour, kommt ebenfalls aus Surinam und ist 64 Jahre alt. Er wohnte damals in Groeneveen und hatte unten im Haus einen privaten Kindergarten. Den Namen Pa Sam haben ihm die Kinder gegeben, eine Ewigkeit ist das jetzt her. Als das Feuer ausbrach damals, hat er sie alle aus dem Haus gebracht, hat dann gemerkt, mitten in der Panik, dass eins fehlt und ist nochmal zurück in den Rauch, in die Flammen, um nach dem kleinen antillanischen Jungen zu suchen, der da irgendwo noch sein musste.

Er fand ihn, trug ihn bis kurz vor die Tür, rettete ihm das Leben, sagte „lauf, Junge, lauf", und hörte noch, wie der Kleine rief „komm doch, Pa Sam!" Dann brach ein Stützpfeiler von der Decke, versperrte den Weg zur Tür und Pa Sam war gefangen. Er robbte durch die Flammen unter bren-

Dicht über Bijlmermeer verkehren die Flugzeuge von und nach Schiphol. Mindestens 47 Menschen starben, als 1992 eine El Al-Maschine abstürzte

Am Bahnhof Bijlmer treffen sich die zwei Welten des Viertels. Angestellte aus dem boomenden Bürogebiet Südost warten, die Bewohner auch. Ihr einziger Kontakt

nenden Trümmern entlang zur Türöffnung und verlor das Bewusstsein. Erst drei Wochen später, im Krankenhaus, erfuhr er, dass ein Flugzeug abgestürzt war. Am Kopf, an den Armen, am Rücken ist seine Haut transplantiert, die Finger, rechts nur noch vier, krümmen sich in alle Richtungen, vom rechten Ohr fehlt ein Stück.

Ein Psychologe hat ihm damals gesagt: „Sie müssen das erzählen, immer wieder, sonst kommen Sie nie damit klar", deswegen erzählt er, wenn auch ungern. Den Namen des Jungen hat er nie jemandem gesagt. Weder den Zeitungen noch dem Fernsehen, noch den vielen Freunden, die ihn gefragt haben. Warum, sagt er, soll ich ihn und seine Familie damit belasten. „Ich habe Glück gehabt", sagt Pa Sam. „Ich hätte doch nicht mehr zufrieden leben können, wenn ich gewusst hätte, da ist ein Junge gestorben, den ich hätte retten können."

Vielleicht soll es am Monument für die Opfer des Unglücks bald ein Standbild geben für Pa Sam. „Der Baum, der alles gesehen hat", heißt das Denkmal, dort errichtet, wo früher ein Teil des Kruitberg-Blocks stand, den man gleich nach dem Unglück abriss. Mosaike aus Scherben, Kacheln und Steinen sind in das Pflaster um den Baum eingelassen, sie stammen von Bewohnern, von Freunden und Angehörigen der Opfer. In einem der Bilder steckt ein Schlüssel. Ein Symbol. Wer damals einen Schlüssel hatte, wer beweisen konnte, dass er an der Stelle des Unglücks gewohnt hat, der bekam die Aufenthaltsgenehmigung. Das Recht, im Land zu sein und zu bleiben.

Das ist das Recht, das Saawe gerne hätte. Er stammt aus Kamerun und kam vor drei Wochen nach Europa. Versuchte es zuerst in Berlin, dann in Hannover, aber es ist hart dort, sagt er, du hast kaum eine Chance ohne Papiere. Seit drei Tagen ist er in Amsterdam, in Bijlmermeer. „Fühlt sich besser an", sagt er. Er ist bei Freunden untergekommen; die wollen ihn erstmal an den Türken vermitteln, der jeden Morgen eine Truppe Illegaler abholt und ihnen Putzjobs am Flughafen Schiphol vermittelt. Der Türke soll für jeden eine Steuernummer haben, woher auch immer.

Nein, es gibt keine Hexenjagd auf Illegale in Bijlmermeer, das sagen alle, die hier leben. Auch die Polizei weiß, dass die abrissreifen Wohnungen oft bis zum letzten Moment noch bewohnt werden. Dennoch ist Bijlmermeer nicht nur ein Viertel der Armen und Illegalen. Es ist auch das Zuhause der Einwanderer in der zweiten und dritten Generation, die in kleinen Reihenhäusern wohnen, mit eigenem Eingang und eigenem Vorgarten, und es ist das Viertel, in dem das große Geld verdient wird. Das allerdings passiert in Bijlmermeer quasi inkognito.

Kantoorsgebied Zuidoost, Bürogebiet Südost, heißt eines der erfolgreichsten Geschäftsviertel der Niederlande. Der Name Bijlmermeer war zu schlecht beleumundet, als dass man dort Büroflächen anpreisen wollte. Doch selbst das hätte wahrscheinlich funktioniert, denn Bijlmermeer liegt günstig, nah an Flughafen und Autobahn. Seit gut fünf Jahren boomt das Gewerbegebiet. Die Amsterdam ArenA, das größte Fußballstadion des Landes, wurde gebaut, große Banken siedelten sich an, Versicherungen, Hightech-Firmen. 50 000 Menschen arbeiten hier, so viele wie in der gesamten Innenstadt. Die Häuser ragen hoch in den Himmel, allerdings sind es Bürotürme mit spiegelnden Fassaden, keine Wohnblocks, in deren Fluren alte Matratzen liegen und es auf den Gängen nach Müllsäcken riecht, die viel zu lange nicht abgeholt wurden.

„Man kann nicht leugnen", sagt Marcel La Rose, „dass ein gewisses Missverhältnis besteht." La Rose, der Chef der Unternehmervereinigung Zuid-Oost, ist ein kluger Mann, einer, der sich Zeit nimmt und das Telefon ausstöpselt, wenn er erklärt, wie er die Sache sieht. Seine Haut ist so hellbraun, dass man ihm seine surinamesische Herkunft kaum ansieht. Die Unternehmen hätten das Arbeitskräftepotential in Bijlmermeer unterschätzt. „Das war ein großer Fehler", sagt La Rose. „Es haben sich zwei Viertel in einem entwickelt. Im Süden arbeiten Leute, die nicht hier leben. Nördlich leben Leute, die nicht hier arbeiten."

Jetzt aber, sagt La Rose, wird alles anders, wird alles besser. Es gebe Projekte, Modelle, Initiativen, die Bijlmermeer zusammenführen. Programme für Schüler und Trainingskurse für Arbeitslose. Der Erfolg sei schon sichtbar, die Arbeitslosigkeit

Henk van der Belt zog vor über 30 Jahren in den Kikkenstein-Block. Für 90 Quadratmeter zahlt er gut 400 Euro Monatsmiete. Das Viertel, sagt er, sei ideal: grün, günstig, multikulturell

in Bijlmermeer liege nur noch knapp über dem nationalen Durchschnitt. Noch vor fünf Jahren sei die Quote mehr als doppelt so hoch gewesen.

„Ja“, sagt Rafael ein paar Stunden später im Café Coffee-Club, „ jetzt dürfen die Leute aus Bijlmermeer die Büros der großen Firmen immerhin sauber machen.“ Vor sieben, acht Jahren, habe man noch Putzkolonnen aus anderen Teilen der Stadt engagiert. Rafael Lambourghini, geboren in Aruba, aufgewachsen in Curaçao, ist ein bulliger Typ mit Rastalocken, der seinen halben Liter Heineken in großen Zügen hinunterschluckt. Bijlmermeer kennt er bis in den letzten Winkel, „mein Herz schlägt hier“, sagt er. „Die Holländer haben uns Einwanderer zu lange als Bedrohung gesehen.“ Er nimmt einen Schluck Bier und sagt: „Und nun ist es zu spät.“

Zu spät wofür? Für die Integration? „Ach, Integration“, sagt Rafael. Warum sei es denn so unsicher in Bijlmermeer? Amsterdams Mitte werde für die Touristen sauber gefegt. „Aber wer kommt schon nach Bijlmermeer?“

Floor Döll kommt. Jeden Morgen um halb sieben, seit über 20 Jahren. Er arbeitete als Fliesenleger, damals als die Blocks von Bijlmermeer gebaut wurden. Weil Floor schon immer ein Tierfreund war, schenkten ihm seine Kollegen zwei Hühner, und er hat sie in einem der Fahrradkeller versorgt. Die Jungen und Mädchen aus Surinam und von den Antillen kamen, um die Hühner anzuschauen. „Damals gab es hier nichts anderes für Kinder“, sagt Floor. Irgendwann haben die Kumpels gesammelt und ihm noch ein Lamm mitgebracht, ein Pony kam dazu, später Kaninchen, Vögel, Kühe.

Die Stadt, die Hausverwaltung, keiner protestierte. „Der Spinner wird schon irgendwann aufhören, so was werden die wohl gedacht haben“, sagt Floor. Seine Pferde weiden auf dem abgezäunten Grün vor dem Betonblock von Grubbehoeve. Vier Hektar Fläche gehören zu Floors Bauernhof, dazu 18 Pferde, 20 Schafe, zehn Ziegen, drei Lamas, zwei Pfauen und ein massiges Hängebauchschwein namens Specki. Jeden Morgen stapft er in seinen gelben Holzpantinen zu den Ställen und Wiesen, eine Mischung aus Landwirt und Zoodirektor auf einer abstrus platzierten Mini-Farm.

Abgeschlossen hat Floor seine Ställe noch nie. „Hier passiert nichts“, sagt er. Im Gegenteil, Bäckereien schenken ihm das Brot vom Vortag für die Tiere, und die Bewohner von Bijlmermeer bringen Floor, was sein Hof zum Überleben braucht: Altpapier. 20 bis 30 Tonnen liefern die Nachbarn im Monat bei ihm ab, dafür bekommt er um die 1000 Euro. „Ich hätte nie gedacht“, sagt Floor, „dass das so gut klappen könnte.“

Und wenn der Abriss kommt, die Erneuerung von Bijlmermeer? „Der Hof bleibt stehen“, sagt Floor. Die Stadtverwaltung hat zugestimmt. Alle wollten, dass Floor bleibt. Vor allem die Nachbarn aus Bijlmermeer. „Es sind gute Nachbarn“, sagt Floor.

Kathrin Sander, *Jahrgang 1973, ist Redakteurin dieses Heftes. In Bijlmermeer entdeckte sie Amsterdam als freundliche Vielvölkerstadt und lernte bruchstückhaftes Papiamento, den Dialekt der Niederländischen Antillen.*
Max Lautenschläger, *Jahrgang 1973, Fotograf aus Berlin, war fasziniert von der klaren Architektur und der Vision, die hinter dem Bau des Viertels stand.*

Hobby-Landwirt Floor Döll siedelte seinen Hof mitten zwischen Hochhäusern an. Seine Pferde, Pfauen und Lamas wurden jahrelang schlicht geduldet, dann gelobt: als pädagogisch wertvoll

MERIAN-INFO

Bijlmermeer liegt zehn Kilometer südöstlich vom Stadtzentrum. Das Viertel mit rund 50 000 Einwohnern teilt sich in das nach Konzepten Le Corbusiers geplante Wohngebiet und in eine erfolgreiche Gewerbezone, in der auch die Amsterdam ArenA, eines der modernsten Stadien weltweit, gebaut wurde. (Info: www.amsterdamarena.nl oder Tel. 311 13 36). Die Metrolinie 54 verbindet das Viertel mit der Stadtmitte, (Station Bijlmer). Bijlmermeer ist einer der wichtigsten Anlaufpunkte Europas für Einwanderer aus aller Welt und galt lange als sozialer Brennpunkt. Um gegen das Negativimage des Viertels anzugehen, gründeten Bewohner 1995 den Verein **„United different voices“**, der Einheimischen und Touristen den multikulturellen Charakter des Viertels nahebringen will. Angeboten werden Führungen zu Themen wie Kirche, Kunst oder Architektur, außerdem Workshops über surinamesische Küche, afrikanischen Tanz oder Jam sessions. Informationen unter www.amsterdamzuidoost.net oder bei Jenny van Dalen, Tel. 77 86 131.

Bleib, wo du bist, stell keine Fragen

Das Ideal: eine bunte, multikulturelle Gemeinschaft. Die Realität: Amsterdam, ein ethnisches Inselreich, in dem kaum jemand Brücken baut

Text: Paul Scheffer

Einwanderer unter sich: Afro-Workshop beim Kwakoe Festival im Bijlmerpark

Nur noch wenige Jahre, dann wird die Bevölkerung von Amsterdam zur Hälfte aus Migranten der ersten und zweiten Generation bestehen. Diese Entwicklung ist unumkehrbar. Lange Zeit lebten die Gastarbeiter mit einem Koffer im Schrank: Irgendwann einmal würden sie wieder nach Hause zurückkehren, und die niederländische Regierung unterstützte sie in dieser Haltung. Im Laufe der achtziger und neunziger Jahre stellte sich jedoch heraus, dass sie den Rest ihres Lebens in den Niederlanden verbringen werden.

Dennoch ähnelt die multikulturelle Wirklichkeit Amsterdams heute mehr einem Inselreich als einem halbwegs zusammengehörigen Ganzen. Aus einer Umfrage unter muslimischen Jugendlichen, die in den Niederlanden geboren wurden, geht hervor, dass die Identifikation mit der sie umgebenden Gesellschaft nicht sonderlich groß ist: Etwa jeder zweite türkische oder marokkanische Jugendliche ist seinem Empfinden nach hundertprozentig türkisch oder marokkanisch. Fast ein Drittel hat das Gefühl, auch ein wenig Niederländer zu sein. Ungefähr jeder fünfte empfindet sich ebenso als Niederländer wie als Türke oder Marokkaner.

Hinter solchen Zahlen verbirgt sich eine komplizierte Realität. Sie vermitteln auch einen Eindruck von den kulturellen Unterschieden, die es in den Niederlanden gibt. Oft habe ich in Amsterdam beobachten können, wie sich emanzipierte Jugendliche zu frommen Gläubigen wandelten. Die Moschee wird für viele zum sozialen Knotenpunkt, Religion kompensiert den Statusverlust, Dogmatismus ist eine Antwort auf das Scheitern in der neuen Heimat.

Doch das multikulturelle Inselreich, in dem die Abstände zwischen den einzelnen Kulturen zu groß sind, hat viel mehr Ursachen als nur die Religion. Es scheint, als würde sich im Schulwesen und in den Wohnvierteln der großen Städte die ethnische Trennung durchsetzen.
Da ist zum Beispiel das Phänomen der „schwarzen" und „weißen" Schulen. Die Tendenz zur Gettoisierung ist deutlich sichtbar, wird aber mit Hinweis auf das Recht der freien Schulwahl für nicht diskutierbar erachtet. Sollten wir die Leute etwa zwingen? Das nicht, aber es wäre schon ein wichtiger Schritt, diese Schwarz-Weiß-Teilung als ein Problem zu beschreiben, und sie nicht als selbstverständlich hinzunehmen. Was ist davon zu halten, dass ab einer Quote von 30 Prozent „schwarzen" Schülern die „weißen" von der Schule zu fliehen beginnen? Was sagt dies über unsere Fähigkeit zum Zusammenleben aus?

Es herrscht ein Mangel an Integration, für den die aufnehmende Gesellschaft mitverantwortlich ist. Dass in einer Stadt wie Amsterdam 60 Prozent der türkischen und marokkanischen Männer über 40 Jahre arbeitslos oder arbeitsunfähig sind, lässt deutliche Rückschlüsse auf die

Funktion des sozialen Netzes zu. Vergleicht man das mit New York, einer Stadt, die eine längere Immigrationsgeschichte hat, dann stellt man fest: Dort sind mehr als 90 Prozent der Migranten der ersten Generation in Lohn und Brot.

Gescheiterte Integration ist auch eine Folge von Fehlern bei der Einbürgerung. Der Schriftsteller Fouad Laroui erinnert sich ironisch an seine Enttäuschung, die er bei der Verleihung der niederländischen Staatsbürgerschaft im Amsterdamer Rathaus erlebte: „Mein Niederländisch war nicht schlecht. Um meine Chancen zu verbessern, lernte ich den Stammbaum des Königshauses, die Höhe der Berge und die Breite der Flüsse auswendig. Ich las die Biographie des großen Thorbecke, der diesem Land die erste demokratische Verfassung schenkte. Ich streifte durch die Gänge des Historischen Museums in Amsterdam. In der Bibliothek verlangte ich nach dem kompletten Œuvre der Großen Drei: Gerard Reve, Willem Frederik Hermans, Harry Mulisch. Welch eine Enttäuschung, denn die ganze Prozedur dauerte nicht einmal fünf Minuten. Nicht eine einzige Frage, kein Interesse, nicht einmal der Ansatz einer Befragung."

Warum ist es eine negative Geste, den Migranten, die die niederländische Staatsangehörigkeit annehmen wollen, keine Fragen zu stellen? Weil man ihnen damit zeigt, dass niemand an einer Antwort interessiert ist. Die unausgesprochene Botschaft lautet: Du wirst sowieso nie ein Teil dieser Gesellschaft werden. Wir gehen nicht davon aus, dass du jemals Einfluss auf den Handel und Wandel in unserem Land haben wirst. Am besten, du bleibst einfach da, wo du bist, in deiner eigenen Nische.

Auf diese Weise geht man keine Verpflichtungen ein, denn die Behörden wissen sehr genau, dass sie sich, wenn sie Forderungen stellen, auch selbst zu Gegenleistungen verpflichten. Wer Integration verlangt, muss dafür einerseits Mittel bereitstellen, und andererseits deutlich machen, was die Grundlagen der hiesigen Gesellschaftsordnung sind. Wer den Respekt vor der Rechtsordnung vergrößern will, muss selbst wissen, was die Regeln bedeuten. Die Forderungen an Immigranten fallen unweigerlich auf den zurück, der sie formuliert.

Die kulturellen Voraussetzungen für die Staatsbürgerschaft – Beherrschung der Sprache, Akzeptanz der Rechtsordnung, Kenntnis der Geschichte – sind nicht rein instrumentell. Sie gelten für jeden Bürger und stellen eine Einladung dar, sich mit der Gesellschaft zu identifizieren. Das bedingt keine kritiklose Hinnahme. Im Gegenteil, eine offene Gesellschaft lebt von der Fähigkeit ihrer Bürger, selbstständig zu denken und zu urteilen. Doch um auf produktive Weise unterschiedlicher Meinung sein zu können, bedarf es der Zusammengehörigkeit, und die entsteht nicht von allein.

Paul Scheffer, *geboren 1954, ist einer der bekanntesten niederländischen Publizisten und hat mehrere Bücher über sein Land und die europäische Einigung verfasst. Er schreibt regelmäßig für die niederländische Tageszeitung* NRC Handelsblad *und lebt in Amsterdam.*
Gregor Seferens *übersetzte aus dem Niederländischen.*

Foto: Huub Sm

Eben

Zwischen IJsselmeer und Nordsee schlägt das grüne Herz der denen der Fisch abhanden kam, weil Ingenieure

Text:

Der Zeevang-Polder, heute sattes Weideland, war einst Teil der Zuiderzee. Nicht weit von hier liegt nahe Etersheim der tiefste Punkt der Provinz Nordholland: 6,2 Meter unter dem Meeresspiegel

Holland

Niederlande: saftige Wiesen, von Deichen geschützt, Fischerstädtchen, das Meer aussperrten. Notizen aus dem platten Idyll

Andreas Molitor

Mühlen machten Holland groß. Polder für Polder wurde dem Meer abgerungen, mit Windkraft das neue Land trockengelegt

Leinen los: Sopke Vergauw gibt die Flügel frei. „Windjäger" heißt die Mühle, die er in Oostzaan selbst gebaut hat. Sie ist nur mit dem Boot zu erreichen und produziert ihren eigenen Strom

Foto: Jurjen Drenth

Freizeitspaß statt Fischeralltag: Die „Dutch Princess“ aus Monnickendam kreuzt mit Hobbyseglern übers IJsselmeer

Kopf ab, Schwanz ab: In der Räucherei in Monnickendam werden schottische Sprotten zur Delikatesse „Made in Holland“

Exportschlager: Käse aus eigener Herstellung ist Edams Markenzeichen, 80 000 Tonnen werden pro Jahr produziert

Auf fremden Spuren: Wattwandern in Hollands hohem Norden, durch Schlick und Matsch in ein faszinierendes Biotop

Meine Tochter ist sieben und hat genau so eine Schere wie Cor de Boer: eine Bastelschere, 2,49 Euro, mit orangefarbenen Plastikgriffen. Hannah schnippelt damit Papierfiguren zurecht, Osterhasen, Weihnachtsmänner, je nach Lust und Jahreszeit. Cor de Boer, ein junger Mann Anfang 20, benutzt die Schere zum Köpfen von Sprotten. Mit der Linken in den glitschigen Fischhaufen gegriffen, Sprotte zwischen Daumen und Zeigefinger, Kopf ab, Schwanz ab. Den ganzen Morgen macht er das, Tag für Tag, mit stoischer Miene. Eine Maschine wurde für diese Verrichtung offenbar noch nicht erfunden. Vielleicht ist die Maschine aber auch teurer als die Arbeitskraft von Cor de Boer.

Sie sind zu zweit in der Fischräucherei, sein Onkel und er. Dem Onkel gehört der Betrieb, der ist fürs Strategische zuständig, Cor übernimmt den Job an der Schere. Auf der hölzernen Tischplatte vor ihm schmilzt im Lauf des Vormittags der Berg frisch angelieferter Tiere langsam zusammen, es wächst der Haufen mit den Amputaten und der mit den Fischrümpfen. In der Blutlache auf dem Tisch schwimmen Krümel von Tabak. Cor, der Mann an der Sprottenschere, raucht pausenlos Selbstgedrehte.

Stolz zeigt der Chef die Räucherkammer und dann die Filetiermaschine. Es ist nicht nur die einzige in Monnickendam, wo von 35 Fischräuchereien nur noch drei übrig geblieben sind, es ist die einzige in ganz Holland. Die von Cor vorbereiteten Fischrümpfe ruckeln über ein Band, werden aufgeschlitzt, Körpersäfte und Eingeweide fallen unten raus, und die Filets kommen in die Räucherkammer. Später landen sie, mit goldenem Räucherschimmer versehen, in kleinen Holzkistchen, auf denen „Made in Holland" steht.

Ich habe keine Kutter im Hafen gesehen und frage: „Bekommen Sie die Sprotten von Fischern aus Monnickendam?" Der Chef sieht mich irritiert an. „Nee", sagt er, „der Fisch kommt aus Schottland. Hier im IJsselmeer gibt es schon lange keine Sprotten mehr. Nur Aale, aber das lohnt auch kaum noch."

Der Fang von Hering, Bückling und Wal hat die kleinen Orte an der IJsselmeerküste einst reich gemacht. Auch heute liegen in den Häfen von Monnickendam, Volendam, Marken und Enkhuizen noch Schiffe vor Anker. Allerdings keine Kutter, sondern schicke Yachten, die zumeist reichen Amsterdamern gehören. Schöne alte Holzschiffe, darunter auch Dreimaster, manche gut 30 Meter lang. Viele werden samt Crew für Segeltörns verchartert.

Ein gigantisches Bauwerk bereitete den Kutterfängen an dieser Küste vor 70 Jahren ein jähes Ende und trieb tausende Fischerfamilien in den Ruin. Das Bauwerk will ich mir ansehen, doch zuerst möchte ich ein Fahrrad mieten. Cor de Boer beschreibt mir den Weg zur Ausleihstation.

Ob ich ein Fahrrad bekommen kann, für vier Tage? Der Mann im Laden reibt sich das Kinn. Sind nur noch Damenräder da, sagt er, die Saison sei zu Ende und alle Leihräder verkauft. Wie immer im Herbst.

Spekuliert hatte ich auf ein Trekkingrad, ein schnelles Gerät mit 24 Gängen oder auch 27. Der Gedanke, nunmehr auf einem Damenrad vier Tage durch Nordholland zu fahren, von der IJsselmeerküste quer rüber zur Nordseeseite, dann hoch bis Den Helder und an der Küste entlang zurück nach Monnickendam, dieser Gedanke gefällt mir nicht.

Ich will kein Damenrad, sondern ein Herrenrad. „Schwierig", meint der Fahrradmann, er könne vielleicht eins reparieren. Wir gehen eine Holzstiege hinauf, auf den Dachboden. Dort lagern vier oder fünf Dutzend Räder in allen Stadien des Verfalls. Genug Arbeit für viele lange Winter. „Das muss ich alles reparieren", seufzt der Fahrradverleiher, vermutlich sagt er sich das jedes Jahr im Herbst. „Vielleicht ein Mountainbike?"– „Ja, zur Not auch ein Mountainbike", sage ich. Das Problem ist, auch das Mountainbike müsse erst repariert werden. Und er macht nicht den Eindruck, als wolle er sogleich mit der Arbeit beginnen.

„Ein Fahrrad, selbstverständlich", sagt wenige Minuten später der Mann im zweiten Radladen, ein paar Straßen weiter. Ob es vielleicht auch ein Damenrad sein dürfe? Ich will noch etwas sagen, zum Thema Holland, Paradies für Radfahrer, bin dann aber doch lieber still. Ich verlasse Monnickendam ohne Fahrrad.

Erste Eindrücke, vom Auto aus: Nordholland mag seine schlechten Jahre gehabt haben, aber es ist gut darüber hinweggekommen. Der Wohlstand zeigt sich hier von seiner leicht verkitschten Seite. Gern setzt man künstliche Tiere vor die properen Bauernhöfe: Frösche aus Ton, keramische Graureiher, steinerne Adler, Kaninchen aus Plastik. Die Orte an der IJsselmeerküste präsentieren sich hübsch herausgeputzt.

In Kolhorn, einem Dorf genau in der Mitte zwischen Nordsee und IJsselmeer, haben manche Einwohner Wellenmuster in ihre Vorgartenhecken geschnitten, einer hat seine Berberitze sogar zu einem Hündchen gestutzt. Das muss eine Menge Arbeit gemacht haben, besonders die Ohren. Kein Zack-Zack-Investor durfte die alten Kaufmannshäuser an den Kanälen verschandeln, kein ehrgeiziger Stadtplaner hat Örtchen wie Marken oder Monnickendam auf schick getrimmt. Stadtflüchtlinge aus Amsterdam sind in den vergangenen 20 Jahren zu tausenden hergezogen, ihre Einfamilienhäuschen haben die einstigen Fischerdörfer zu kleinen Städtchen gemästet.

Jetzt, wo Regen und rauer Wind die letzten Besucher in die Cafés treiben, ist es still geworden. Im Sommer dagegen verstopfen hunderte von Touristenbussen die engen Gassen. An der Ausfallstraße von Volendam nach Edam, wo die einfachen Leute in schlichten Reihenhäusern wohnen, weicht das Idyll grauer Tristesse. Die

An Seefahrt und Fischerei verdient man hier längst nicht mehr. An der Erinnerung schon. Die Gäste lieben Nostalgie

Foto: Michael Hughes

Durch Fischfang und Schiffbau wurde Edam im 17. Jahrhundert reich. Von dieser Zeit zeugt die historische Altstadt mit dem Speeltoren, dem Glockenturm der Kleinen Kerk

Fenster sind mit Stores verhangen. Vierhundert, fünfhundert Meter geschlossene Gardinenfront gegen neugierige Blicke.

„Typisch für Volendam, das mit den Gardinen", sagt abends Brigida, die hinter der Bar des Damhotel in Edam Biere zapft. Gerade mal ein Kilometer trennt die beiden Orte. Die Gäste an der Bar, vier junge Leute, nicken bedeutungsvoll. „Die aus Volendam sind eben anders. Allein schon ihr Dialekt. Versteht man kaum."

„Die schuften schon mit 18 auf dem Bau, denken nur ans Geldverdienen und ans Häuschen."

„Bisschen eindimensional eben."

„Und dann diese Inzucht, also es gibt 'ne ganze Menge Bekloppte da."

Aus Edamer Sicht ist Volendam eine Katastrophe. Edam dagegen ist richtig prima. Ob es hier soziale Brennpunkte gibt? Verständnislose Blicke. Nein, hier sei alles friedlich und nett. „Man darf sich nur nicht danebenbenehmen", sagt das blonde Mädchen an der Theke, das Friseuse lernt und später mal einen Schönheitssalon aufmachen will. „Sonst weiß es am nächsten Tag die ganze Stadt."

Darum fahren sie in die Kneipen und Discos nach Volendam, wenn sie richtig einen draufmachen wollen. Aber Säufer gibt es doch sicher, Obdachlose und Punks? – „Ja, einen Punk", räumt Brigida ein. „Nee, zwei", sagt einer von den Biertrinkern an der Theke, ein junger Mann mit ordentlichem Kurzhaarschnitt. „Ich bin der zweite." – „Aber du siehst gar nicht so aus." – „Kommt ja nicht drauf an, ob man aussieht wie ein Punk", entgegnet er, „sondern ob man denkt wie ein Punk, oder?"

Der Tag ging ohne Fahrrad zu Ende. Am Nachmittag war in Edam auch der dritte Versuch gescheitert. Im Laden standen zwar dutzende Räder, doch der Aushilfsverkäufer durfte keines herausgeben. Aber morgen früh soll sein Chef da sein.

Er war da, vermietete mir eine der üblichen Hollandschaukeln mit vier Gängen, immerhin. Endlich die erste Fahrradetappe. Von Edam zurück nach Monnickendam, dann übers platte Land nach Alkmaar. Auf die Dauer ist eine idyllische Landschaft ungeheuer anstrengend. Vor einer halben Stunde schon hat ein Straßenschild *slechte wegdek* angekündigt, was keiner Übersetzung bedarf. Seitdem geht es von Schlagloch zu Schlagloch, von Bodenwelle zu Bodenwelle, immer am Nordhollandkanal entlang, der träge gen Westen zieht.

Mein Rad kommt einfach nicht in Fahrt, erfolgreich stemmt sich seine Behäbigkeit gegen meinen Ehrgeiz, Kilometer zu fressen. Zumal der Wind heult, er kommt immer von vorn. Was soll's, man fährt ja auch keine Rallye mit einem Ford Taunus. Als eine Gruppe Rennrad-Rentner mich überholt, bleibe ich dran am Pulk, nein, abhängen lass' ich mich nicht, aber nach fünf Minuten kleben T-Shirt und Jeans schweißnass auf der Haut. Ich lasse sie entkommen, tätschele das Rad wie einen Ackergaul, der hundert Meter mit einem Rennpferd mitgehalten hat.

Satt ist die Gegend, satt und ungeheuer fett. Unter einem weiten, lachenden Himmel breitet sich Grün in allen Schattierungen aus. Man radelt durch schier endloses Grün, das bis zum Horizont reicht und durchzogen ist von Wassergräben, gespickt mit kleinen Tümpeln hier und da, auf denen Enten träge gründeln. Weit, weit in der Ferne ragen ein paar Bäume aus dem Grün, ab und an auch ein Bauernhof mit den üblichen künstlichen Tieren davor.

Zwischendurch verändert die Landschaft ihr Gesicht, ich bin in Hollands Kohlkammer angelangt. Weite Felder mit Rotkohl, Weißkohl, Wirsing. Ungemein beruhigend wirkt so ein Wirsingfeld, sehr kontemplativ.

Ein einsamer Jogger läuft den Knollendamer Kanal entlang. Drei Kilometer. Auf dem Fußballplatz zur Linken, einem mit Grasbüscheln bewachsenen Acker, bekommt Knollendam gerade einen Elfer gegen Wormerveer zugesprochen. Fünf Kilometer. Beim Einatmen zieht der Wind in die hintersten Lungenwinkel. Acht Kilometer. Auf der schmalen Straße am Kanalufer veranstaltet eine Motorradclique so etwas wie Einzelzeitfahren. Alle zwei, drei Minuten donnert eine Maschine vorbei. Zehn Kilometer. Ich begegne Motorbooten, die gen Osten tuckern, die „Kirsten", die „Irene", die „Elisabeth".

Es geht weiter nach Norden, durch das Dünenreservat immer an der Nordsee lang, die man vom Radweg aus leider nur selten sieht. Der Deich ist dazwischen. Heute ist der Dünenwanderweg fest in der Hand der Volkswanderer. Einem Beduinentreck ähnlich, streben sie ihrem Ziel entgegen, latschend die einen, federnden Schrittes die anderen, zünftig ausgestattet mit Rucksack, Power-Riegeln im Bauchtäschlein, umgeschnallter Trinkflasche und Wanderkarte. Ihre Gesichter lassen ahnen, dass so ein Volkswandern eine ernste Sache ist.

Die meisten Autos auf den Parkplätzen am Strand tragen Kennzeichen aus dem Rheinland und dem Ruhrgebiet. Dort sind noch Herbstferien, die Wetterkarte verspricht Sonne, da fährt man noch mal schnell ans Meer. Das war schon vor 30 Jahren so. Am Strand bei Callantsoog gibt es leider keine leckeren Fritten mit Spezialsoße mehr und auch kein Eis. Die Holzbude mit den blauen Fensterläden hat dicht bis Mai. Saisonende. Ein paar Mutige nehmen ein Bad im Meer. Heute noch und morgen, dann macht Nordholland dicht. In der Ferne zieht ein Frachter vorüber.

Wie mag Willem Klasen bloß den Fischgeruch losgeworden sein am Abend? Willem, Fischverkäufer aus Monnickendam, fuhr jeden Tag mit der Dampfstraßenbahn nach Amsterdam, die Körbe voll Aal und Sprotte und Bückling. Die anderen Passagiere wollten nicht neben den Fischleuten sitzen, weil die so stanken.

Eine kleine Episode nur, in schlichten Worten erzählt im Zuiderzeemuseum von Enkhuizen. Das Freilichtmuseum, eines der besseren seiner

In den kleinen Orten am IJsselmeer wird die Welt in Ordnung gehalten. Soziale Brennpunkte kennt man hier nicht

Art, erinnert an das Goldene Zeitalter hier an der Küste – als sie vom Fisch lebten und vom Wal.

Aus ganz Nordholland kam Material für das Museum: Häuser, Höfe, Mühlen, ganze Dorfstraßen wurden abgetragen und hier wieder aufgebaut. In den Fischerhäusern kochen Frauen in Tracht, und in der kleinen Räucherei hinter der Mühle gibt es frische Kippers, eine Art Räucherhering. Anderthalb Euro kostet das Stück, auf einer Pappschale serviert, herrlich, das Fett trieft aus den Mundwinkeln, läuft über die Hände. Damals war viel Fisch da, unendlich viel, als könnte er nie zu Ende gehen. Aber dann, verkündet der Museumslautsprecher mit unheilvoller Stimme, dann kamen fremde Männer ins Dorf, die hatten Hüte auf. Und sie brachten Pläne mit. Pläne für einen Deich.

Den Oever ganz im Nordosten, zwei Stunden später. Hier beginnt jenes Bauwerk, das die Männer mit den Hüten damals planten: der Abschlussdeich. Ein 30 Kilometer langer Damm durch das Meer, von hier nach Westfriesland hinüber. Zwischen 4000 und 7000 Mann haben ihn errichtet, 1932, nach fünfjähriger Bauzeit, wurde die letzte Lücke geschlossen; das IJsselmeer, die frühere Zuiderzee, wurde zum Binnengewässer, von der Nordsee abgetrennt. In den Siebzigern wurde der Damm erweitert und eine Autobahn darauf gebaut. Heute ist man in einer Viertelstunde drüben.

Jahrhundertelang hatten die Überschwemmungen unermessliche Schäden angerichtet, immer wieder waren Deiche in den Sturmfluten gebrochen. Der Kampf gegen das Wasser war nun gewonnen. Kaum vorstellbar, dass ein Dorf wie Kolhorn vor 70 Jahren noch eine Insel war, umtost von wütender See. Heute sind es 15 Kilometer bis zur IJsselmeerküste, um das Dorf herum ist Land gewachsen, dem Meer abgerungen. Neuland.

Der Abschlussdeich, ein Meisterwerk der Ingenieurskunst, war ein neuer Anfang, aber gleichzeitig auch das Ende der Zuiderzee-Fischerei. Nach und nach versüßte das IJsselmeerwasser, viele Fischarten verschwanden. Darum kommen die Sprotten, die Cor de Boer jeden Tag köpft, heute aus Schottland. Fast 1500 Küstenfischer und ihre Familien gerieten in Not, die meisten gaben auf.

Familie Schilder nicht. Bei den Schilders aus Durgerdam gibt es viermal die Woche Aal. Das liegt einerseits an den Gesetzen und andererseits daran, dass Vater Gerrit Schilder von Beruf Fischer ist. Den Großteil des Fangs, den er aus dem IJsselmeer holt, kleine Aale, regenwurm- bis blindschleichengroß, darf er nicht verkaufen. Versucht er es trotzdem, drohen ihm 450 Euro Bußgeld. Gerrit, Fischer wie der Bruder und der Vater und vor ihm schon der Großvater, kann die Aale wegwerfen – oder essen. Und da er viermal die Woche raus aufs Meer fährt, von nachmittags um drei bis zum nächsten Morgen um fünf, gibt es viermal die Woche Aal.

Vor 20 Jahren zogen die Fischer noch 4000 Tonnen Aal pro Jahr aus dem IJsselmeer, nun sind es noch klägliche 400 Tonnen. „Zu verkaufen", heißt es auf dem Schild an einem der Kutter im Hafen von Volendam. „Ja, der hat jetzt auch aufgegeben", sagt Gerrit. Er ist einer der letzten, die noch Tag für Tag rausfahren.

„Wie oft hab' ich ihm schon gesagt, er soll aufhören mit der Fischerei", sagt seine Frau Tini, als er nicht zuhört. „Aber er hat's halt im Blut, im Büro kann er nicht arbeiten, er muss raus aufs Meer, auch wenn es kaum noch was bringt." Sein Boot, „de IJsselmeer", vom Vater geerbt, 53 Jahre alt, also praktisch neu, das kriegt der Sohn eines Tages. Denn der Sohn wird Fischer. Wie der Vater und der Onkel, der Großvater und der Urgroßvater.

Andreas Molitor, *geboren 1963, lebt als freier Journalist in Berlin. Er lernte in Nordholland die beruhigende Wirkung weiter Wirsingfelder schätzen.*

MERIAN-Info Mit dem Rad durch Nordholland

Auf der Nordseite des Amsterdamer Hauptbahnhofs mit der Fähre das IJ überqueren, dort den Wegweisern folgen. **1. Etappe:** Richtung Broek in Waterland, weiter nach Monnickendam an der IJsselmeerküste (Amsterdam – Monnickendam 20 km). **2. Etappe:** Durch Volendam und das hübschere Edam weiter nach Hoorn, das im 17. Jahrhundert wichtigste Hafenstadt der Zuiderzee war. Im Hafen liegen sehenswerte Holzboote, oft aufwändig restauriert (Monnickendam – Edam – Hoorn 40 km). **3. Etappe:** Tagesausflug ins Zuiderzeemuseum Enkhuizen. Das sehr gut aufgebaute Freilichtmuseum gibt einen Eindruck der Zeit, als die Fischerei noch Lebensgrundlage der Region war, Tel. (0228) 35 11 11 (Hoorn – Enkhuizen – Hoorn, insg. 50 km). **4. Etappe:** Richtung Alkmaar, berühmt für seinen Käsemarkt, jeden Freitagvormittag vor der alten Stadtwaage. Touristenspektakel, dennoch nett anzuschauen (Hoorn – Alkmaar: 25 km). **5. Etappe:** Weiter Richtung Nordseeküste nach Egmond aan Zee im nordholländischen Dünenreservat, das von Bergen aan Zee bis nach Wijk aan Zee im Süden reicht (Alkmaar – Egmond aan Zee 12 km). **6. Etappe:** Weiter nach Haarlem, Einstimmung auf die Rückkehr nach Amsterdam: Grachten, Giebel, Kaufmannshäuser, alles in etwas kleinerem Maßstab.
Kulturelles Muss: Das Frans-Hals-Museum, Tel. (023) 5 11 57 75 (Egmond aan Zee – Haarlem 40 km). **Rückkehr** nach Amsterdam: 20 km.

Die Wohnzimmer des Jordaan: Stammkneipen wie das Papeneiland an der Prinsengracht sind für viele Bewohner des Viertels ein zweites Zuhause

Volkes Mitte

Der Jordaan hat sich radikal gewandelt. Wo früher arme Leute wohnten, will heute jeder leben. Und doch ist das Viertel geblieben, was es immer war: eine kleine Welt mit eigenen Regeln, provozierend selbstbewusst

Text: Cees Nooteboom, Fotos: Jordis Schlösser

Der Jordaan stellt sich quer zum Rest der Stadt. Wer nicht hier lebt, verirrt sich

Es ist Sonntag, und ich mache mich auf den Weg ins Ausland. Weit ist es nicht, vielleicht nicht mal einen Kilometer. Ich wohne im ältesten Teil Amsterdams, auf einer Karte von 1640 kann ich mein Haus sehen, auch wenn jetzt die Jahreszahl 1730 darauf steht.

Als ich es kaufte, war es teilweise ausgebrannt, doch im zweiten Stock gab es noch sehr alte Fliesen, und der Keller, der sich tief unterhalb des Straßenniveaus befindet (das seinerseits wiederum, wie ein großer Teil der Niederlande, mehrere Meter unter dem Meeresspiegel liegt), hatte einen Marmorboden, der Kennern zufolge zu Beginn des 18. Jahrhunderts verlegt worden sein muss. Die Aufteilung des restlichen Gebäudes deutet dagegen auf den Ausbau eines spätmittelalterlichen Hauses hin, das hier also schon gestanden haben muss, lange bevor diese Zeichnung von 1640 entstand.

Mein Haus befindet sich zwischen Singel und Herengracht, ganz in der Nähe der Brouwersgracht, und über sie gehe ich nun ins Ausland: nach Jordanien oder, wie wir schon seit Jahrhunderten sagen: in den Jordaan. Um dorthin zu kommen, gehe ich erst über das Melkmeisjesbrugje („Milchmädchenbrücke"), danach gleich über die Brücke, die zur Herengracht führt, spaziere dann auf der anderen Seite der Brouwersgracht zu der Brücke über die Keizersgracht und von dort weiter zum Papeneiland, einer der ältesten Kneipen der Stadt. Dazu muss ich die Lekkere Sluis überqueren, wo die Prinsengracht in die Brouwersgracht mündet. Und genau dort liegt die Grenze zwischen dem Jordaan und dem Rest der Welt.

Der nun folgende Teil meiner Geschichte lässt sich einfacher mit einer Karte dieses Viertels nachvollziehen, schon weil alle Straßen und (früheren) Grachten eigenartig schräg zur Brouwersgracht und zur Prinsengracht liegen, als wollten sie dadurch verdeutlichen, dass hier auch immer ein ganz eigener Menschenschlag gelebt hat. Der Jordaan ist eindeutig eine andere Welt, und dieses Gefühl verstärkt sich noch durch die labyrinthischen Komplikationen der Straßennamen.

So hat etwa eine einzige, nicht allzu lange Straße, durch die man in wenigen Minuten spaziert ist, nicht weniger als fünf verschiedene Namen. Sie führt von der Lijnbaansgracht nach Süden, anfangs parallel zur Karthuizerdwarsstraat (hier stand im Mittelalter ein Kartäuserkloster – wie gern hätte ich da einmal das Chorgebet gehört); am Beginn heißt sie Tichelstraat, weil dort im 17. Jahrhundert Fliesen (*tichels*) gebrannt wurden, dann Tweede Anjeliersdwarsstraat, Tweede Tuindwarsstraat, Tweede Egelantierdwarsstraat, Eerste Leliedwarsstraat.

Dort angekommen, steht man nicht nur an dem Punkt, wo die Bloemgracht in die Prinsengracht mündet, sondern auch gegenüber dem Anne-Frank-Haus und dem majestätischen Turm der Westerkerk mit seiner Kaiserkrone und dem Amsterdamer Wappen, der schon die ganze Zeit über von der Lijnbaansgracht aus in einer fantastischen Perspektive zu sehen war, eine der schönsten Stadtansichten, die ich kenne.

Karthuizers und *tegels* beziehungsweise *tichels* sind keine Blumen oder Bäume, *anjelieren* (Nelken), *egelantiers* (Weinrosen), *lelies* (Lilien) und *laurierbomen* (Lorbeerbäume) schon, ebenso die *rozen* (Rosen) und *goudsbloemen* (Ringelblumen), die sich in den Namen der Straßen und Querstraßen des Jordaan finden. Von dort ist es nicht weit zu den nie erblickten Palmen der Palmgracht und dem verschwundenen Wasser der Lindengracht.

Jordanien oder *jardin*, das ist hier die Frage. Jordanien existierte noch nicht, als das Viertel schon seinen Namen trug, folglich kann sich der Name nicht auf das Land beziehen, wohl aber auf den Fluss, nach dem es benannt wurde. Manche glauben, dass der Jordaan deshalb so heißt: ein gelobtes Land im biblischen Sinne. Andere dagegen meinen, eingedenk all dieser Bäume und

Ein Hauch von Boheme: Altmodisches bekommt lässigen Schick, wie im Brillenwinkel an der Noorderkerkstraat

Neue Szene: Immer mehr junge Leute ziehen ins Viertel. Cafés wie das Finch am Noordermarkt haben mit der alten Kneipen-Gemütlichkeit des Jordaan wenig gemein

Steg ins Grüne: Land ist knapp, deswegen verlegen Jordaaner ihre Gärten auf die Straße, in der Brouwersgracht direkt vor die eigenen Planken

Der Jordaan ist alt und jung, volkstümlich und schick. Er erfindet sich ständig neu

Pflanzen, der Name gehe auf das französische *jardin,* Garten, zurück.

Das ist nicht der einzige Streitpunkt, denn auch um die Abgrenzung gibt es eine Kontroverse: Was gehört nun eigentlich zum Jordaan und was nicht? Und obwohl diese Frage in erster Linie mit einer geistigen Dimension zusammenhängt, mit Atmosphäre und Geschichte, ist es andererseits doch wieder etwas, bei dem man ganz konkret die Karte zu Rate ziehen muss.

Amsterdam ist natürlich viel mehr als sein Grachtengürtel, aber der Kern seines Wesens liegt doch in diesem magischen Halbkreis, der sich vom Fluss Amstel bis zum IJ hinzieht, dem Gewässer, auf dem einst die Schiffe zu Tausenden auf Reede lagen, nachdem sie, aus aller Welt kommend, zwischen der Nordspitze Nord-Hollands und der Insel Texel hindurch über die Zuiderzee, das heutige IJsselmeer, heimwärts gesegelt waren.

An den Grachten, die nacheinander ausgehoben wurden, wohnten die reichen Kaufleute, im Jordaan alle anderen, die nötig waren, um die Schiffe zu bauen und aufzutakeln, zu bemannen, zu löschen und zu beladen, sowie für alles, was damit dann wieder zusammenhing, kurz gesagt: das Volk. Segelmacher, Gerber, Fliesenbrenner und nicht zu vergessen das Personal für die großen Häuser, eine ganze Welt mit eigenen Rängen und Ständen.

Die schmalen Straßen im Jordaan waren noch richtige, ungepflasterte Gassen, doch an seinen Grachten, die zum größten Teil im 19. Jahrhundert zugeschüttet wurden, wohnten auch bereits Wundärzte und Apotheker, die Buchhalter der Vereinigten Ostindischen Compagnie und die niederen Angehörigen der Bürgerwehr.

Reiche Amsterdamer bauten hier die so genannten *hofjes*, wo Witwen in Sicherheit und Geborgenheit alt werden konnten; heute sind es stille Oasen aus mehreren kleinen Wohnungen, die sich um einen Innenhof gruppieren, wie zum Beispiel das Bossche Hofje an der Palmgracht, 1648 vom städtischen Schatzmeister Pieter Adriaenszoon Raep gegründet und noch immer von seinen Nachfahren verwaltet. Sein Wappen, mit viel Gold, ist in die dunkle Backsteinmauer eingelassen, und über der Tür hängt sein Emblem, ein orangefarbener Kohlrabi mit seinen beiden Initialen, P und A.

Wo aber liegen nun genau die Grenzen des Jordaan? Die Ansichten dazu gehen weit auseinander. Für manche hört der echte Jordaan bei der Rozengracht auf, einst ein breiter Wasserlauf, heute eine Verkehrsader, durch die Straßenbahnen fahren, Ein- und Ausfallstraße zugleich. Für andere geht der Jordaan jenseits der Rozengracht weiter, bis zur stillen Passeerdersgracht, die sprachlich nichts mit Passierenden zu tun hat, sondern mit Gerbern.

Dort allerdings gibt es keine Kneipen mehr und keine kleinen Krimskramsläden, die auch heute noch das Gesicht des Jordaan prägen. In den Nachkriegsjahren zogen sich die kleinen Leute und Arbeiter aus dem Viertel zurück, sie machten Platz für Galeristen, Studenten, Restaurants, Antiquariate, exotische Läden und insbesondere sehr viele Kneipen, alte „echte" und aufgemotzte neue.

Kurzum: ein merkwürdiges Labyrinth aus Alt und Neu, Volkstümlichkeit und Schick, sein eigener permanenter Anachronismus, wo man sich aus violettem Neonlicht plötzlich ins fahle Schummerlicht eines *bruin café* verirrt, einer gemütlichen Stammkneipe, in der ein paar alte Männer hinter kleinen Gläsern mit Genever vor sich hin sinnieren, wo man aber ein paar Stunden später Scharen von Leuten antreffen kann, die plötzlich Jordaan-Lieder schmettern, Schnulzen mit neapolitanischen Schnörkeln und vielen Tremoli.

Jeder kennt den Text, der einst von Volkssängern wie Tante Leen, Johnny Jordaan oder Willy Alberti und heute von André Hazes bekannt gemacht wurde, Lieder, die einem mit ihrem leidenschaftlichen Kummer durch Mark und Bein gehen, mit Texten wie „Meine

Auf den Wassern des Jordaan: Corney, Emma und Barbara in der guten Stube ihres Hausboots, einem von 2500, die Amsterdams Grachten wohnlich machen

An der Egelantiersgracht säumen nicht Herren-, sondern Handwerkerhäuser das Ufer. Die Wohnungen sind sehr begehrt, weil noch halbwegs erschwinglich

Wiege war ein Pappkarton" samt allem Elend, das auf einen so unglücklichen Lebensbeginn später noch folgt, alles gesungen mit dem unverkennbaren Zungenschlag des Viertels, der von so vielen Kabarettisten nachgeahmt worden ist, dass jeder nun glaubt, er könne ihn imitieren.

Darin liegt, vielleicht, ein wenig die Tragik. Einst, im Goldenen Jahrhundert, lebte hier das Volk, Handwerker, der unverzichtbare Teil einer kosmopolitischen Stadt, die sich zu einem der großen Machtzentren der Welt entwickelt hatte. Bei ihrem Niedergang im 19. Jahrhundert jedoch wurde das Volk zum Proletariat, es herrschte bittere Armut und manchmal auch Hunger, doch der Jordaan blieb ein Viertel mit einem zuweilen fast provozierenden Selbstbewusstsein, ganz anders als die anderen Teile der Stadt, in mancherlei Hinsicht fast eine Familie, ein Clan mit eigenen Bräuchen, Redensarten und vor allem auch Gesetzen. Man heiratete nicht aus dem eigenen Viertel hinaus, der Zusammenhalt war groß, man lebte buchstäblich miteinander und wusste alles voneinander, nirgends ist dieses Leben besser beschrieben worden als in den Romanen von Israel Querido, dem vierbändigen Zyklus „De Jordaan" (1912-25).

Noch einmal versuche ich, es mir vorzustellen. Die große Stadt, die aus allen Nähten platzt, Grachten aushebt und Wassergräben, die den sumpfigen Polder einbezieht und sich mit Ringwällen und zahllosen Mühlen umgibt, die das Land trockenpumpen sollen – und dann ist da diese merkwürdige Ecke im Westen, die alles Volk beherbergen soll, das für den Bau dieses neuen Babylon gebraucht wird.

Ironie der Geschichte: Einwanderer aus Frankreich, Spanien, Portugal ziehen hierher, sie sind es, die helfen, diese so urniederländische Stadt zu erbauen. Auf alten Stichen sehe ich, wie sie wohnten. Schlammwege entlang der Goudsbloemgracht, aus denen später die Willemsstraat werden sollte, Plattbodenkähne und Schuten auf der Prinsengracht, die den Eindruck erweckten, ganz Amsterdam sei ein großer Hafen; alles, was von draußen hereinkam, wurde auf kleinere Schiffe umgeladen, die unter den Brücken durchfahren konnten.

Es muss, viel mehr als heute, ausgesehen haben wie in Venedig. Idealisierungen sind fehl am Platz angesichts des Abfalls, der einfach ins Wasser geworfen wurde, angesichts der Probleme mit Trinkwasser und Abwasser, Ratten und Schlamm. Die Häuser mit ihren Jahreszahlen und Giebelsteinen, mit ihren Glocken- und Treppengiebeln wollen davon nichts mehr wissen, doch auch Cholera und Pest jagten durch die Stadt und fanden die meis-

Nachbarn sind Freunde. Man passt zueinander

Rast beim Schriftsteller: Die Skulptur am Ende der Lindengracht erinnert an Theo Thijssen, der in seinem Werk den alten Jordaan verewigt hat

ten Opfer in dem Teil, der einst das Nieuwe Werck hieß, im Jordaan.

Denke ich daran, wenn ich samstags zum Lindenmarkt gehe, um frischen Fisch zu kaufen, oder wenn ich montagmorgens auf dem Noordermarkt herumstöbere, dem Trödelmarkt, der dort schon seit Jahrhunderten zur selben Zeit und am selben Ort abgehalten wird? Nein, natürlich nicht. Ein Friedhof hat da früher gelegen, gleich hinter den Marktständen, die Körper der Toten in unmittelbarer Nähe zur Nahrung für die Lebenden, und das alles zu Füßen der hohen, schroffen Mauern der strengen Noorderkerk, deren Glocken ich bis in mein Haus hören kann, ebenso wie das Glockenspiel im Turm der Westerkerk, des „Langen Jan", das den halben Jordaan mit seinen Psalmweisen und -melodien beschallt und einst bis in das Hinterhaus gedrungen sein muss, in dem Anne Frank sich versteckt hielt, ein Zeichen, dass die Welt dort draußen, für sie unsichtbar, weiter existierte.

Eine Stadt ist stets die Summe ihrer eigenen Vergangenheit, in der man selbst nur einen flüchtigen Platz einnimmt, den des anonymen Passanten auf einem alten Stich, ein gerade noch sichtbarer kleiner Teil der Unzähligen, die bereits nicht mehr sind und doch alle zusammen jene geistige Stadt erschaffen haben, die es neben der anderen, so viel besser nachweisbaren, materiellen Stadt gibt: das Klima, die Atmosphäre.

Der Jordaan war einst eine vibrierende neue Arbeitsstadt voller Ausländer, die ihre südliche Herkunft zum Teil an ihre niederländischen Nachfahren weitergaben, danach, während seines Verfalls, ein ärmliches Volksviertel mit bitteren Geschichten von Arbeitslosigkeit und Trunksucht, von achtköpfigen Familien in einem Zimmer und mehreren Familien in einem kleinen Haus, ein Leben, das sich zum Teil auf der Straße abspielte, ein Viertel mit Leidenschaften und Aufständen, so zum Beispiel der große Aalaufstand von 1886, bei dem die Armee eingesetzt wurde und Tote zu beklagen waren. Eine aufkommende Arbeiterbewegung, aufgeklärte Idealisten, die das Volk aus dem Elend herausholen wollten, mitunter auch eine eigenartige Verbindung aus Revolutionären und Monarchisten, immer anders, immer voller Bewegung.

Eines der schönsten Denkmäler, die im Jordaan stehen, ist die Skulptur des Schriftstellers und Lehrers Theo Thijssen mit einem kleinen Jungen auf einer Schulbank, am Ende der Lindengracht. Ich komme dort oft vorbei, es hat etwas Liebenswertes, wie der ältere Mann neben dem Jungen sitzt, in dem Leser stets „Kees, den Jungen" sehen, die Hauptfigur des gleichnamigen Klassikers, den Theo Thijssen geschrieben hat, eine Erinnerung an andere Zeiten, einen anderen Jordaan, den man heute vielleicht nicht mehr findet.

Viele der Leute von früher sind gestorben oder weggezogen, die Häuserpreise haben sich vervielfacht, das Viertel ist schon lange kein Volksviertel mehr, und damit ist im Jordaan auch das Gefühl der Zusammengehörigkeit teilweise verschwunden. Ein Ausländer wird das nicht so leicht erkennen, doch ein Jordaaner weiß es sofort, er hört es am Tonfall. Jans, die früher bei mir arbeitete, konnte Akzente einwandfrei erkennen, sie wusste, ob jemand aus dem Herzen des Jordaan stammte oder vom benachbarten Haarlemmerdijk .

Die Yuppies, die nun das Viertel zum Teil bevölkern, haben davon keine Ahnung. Sie werden auch nie einen Ausdruck verwenden wie Jans im Falle eines unverhofften Glückstreffers: „Das ist ja der reinste Österreicher", sagte sie dann. Wahrscheinlich wurde damit einst ein Mariatheresientaler gemeint.

Auch von einem *bilavond* (Popo-Abend) werden die Yuppies nie sprechen, also von einem Abend, der speziell für die Liebe bestimmt ist („Samstag ist Popo-Abend", ich höre Jans noch reden), genauso wenig wie sie am Himmelfahrtstag als besonderen

Jordaaner zu sein, heißt mehr, als nur hier zu leben

Luxus Aal essen werden („Himmelfahrt ist Aaltag"), und sie werden auch nicht, wie es im Jordaan alter Brauch ist, nach dem Gardinenwaschen den schneeweißen Tüll ein Stück weit offen lassen, um zu zeigen, dass auch die Scheiben spiegelblank geputzt sind, so dass man ungehindert wie in eine Vitrine hineinschauen kann: poliertes Kupfer, eine perserähnliche Decke auf dem Tisch, ein Gläserschrank mit Nippes, am liebsten ebenfalls aus Glas, Sansevierien, Familienfotos in Silberrahmen.

Man sieht sie noch, diese Interieurs, vor allem an den stilleren Grachten und Straßen, ein fernes volkstümliches Echo der vornehmen, dezenten Wohnzimmer auf Gemälden aus dem Goldenen Jahrhundert, alles von extremer Klarheit, mit dem Fernseher als Hausaltar, ein selten gewordenes Phänomen, kleine Oasen zwischen den so andersartigen Wohnräumen der Intellektuellen, Studenten, Künstler oder jungen Börsenanalysten, die jetzt die neue Bevölkerung darstellen.

Die Jordaan-Kneipe ist das – nicht immer neutrale – Terrain, auf dem sich diese beiden Gruppen begegnen, beziehungsweise wo sie aufeinander treffen, ohne sich wirklich zu begegnen. Das hängt von der Kneipe ab, von der Tageszeit, oft auch vom Takt der Außenstehenden, denn jeder fängt ja als solcher an. Hier ein Lokal zu betreten kann, wenn es das erste Mal ist, eine heikle Angelegenheit sein.

JORDAAN: 1 Karthuizerdwarsstr. 2 Tichelstr. 3 Tweede Anjeliersdwarsstr. 4 Tweede Tuindwarsstr. 5 Tweede Egelantierdwarsstr. 6 Eerste Leliedwarsstr. 7 Noordermarkt 8 Lindenmarkt 9 Bossche Hofje 10 Papeneiland 11 Melkmeisjesbrugje

Jordaan-Kneipen sind Wohnzimmer. Besucht man eine zu einer bestimmten Stunde, so hat man auch wirklich das Gefühl, in ein Wohnzimmer zu kommen, in diese Atmosphäre der Vertrautheit zwischen Menschen einzutreten, die sich schon sehr lange kennen – eine unsichtbare Barriere, die es zu überwinden gilt, eine Welt von Onkeln und Tanten (populäre Figuren heißen hier oft Ome Henk oder Tante Leen, auch wenn sie nicht mit den Leuten verwandt sind, die sie so ansprechen), die die Angewohnheiten, Marotten, politischen Ansichten und Geschichten der anderen kennen.

In dieser Welt muss man sich, falls man das will, seinen Platz erobern. Wer nur einmal vorbeischaut, hat kein Problem, der wird bedient, genießt die Atmosphäre oder fühlt sich ausgeschlossen, je nachdem. Doch wer hier wohnt, benötigt mehr Zeit. Es ist nicht gerade ein Initiationsritus, aber doch ein Noviziat, eine Zeit der langsamen gegenseitigen Gewöhnung, während der man keinen falschen Tanzschritt machen und sich vor allem nicht der Illusion hingeben darf, man könnte je ein richtiger Jordaaner werden, denn das ist man, oder man ist es nicht.

Es ist noch immer derselbe Sonntag, ein kalter Tag. Bei einem früheren Spaziergang hatte ich an einer Hauswand in der Tichelstraat ein Schild gesehen: Sonntag, Stundengebet um 17.30 Uhr. Es stürmt, der Wind peitscht die Ulmen. Ich habe die Vision von einem kleinen, verborgenen Kloster. Schließlich lebten einst Kartäuser in dieser Ecke, die damals noch außerhalb der Stadt lag. Ein Chorgebet im Jordaan, das könnte mir heute gefallen.

Die große Tür in der Tichelstraat ist geschlossen, ich klingele. Ein Mann, um die 40 Jahre alt, öffnet, aber er weiß nichts von einem Stundengebet, im Moment laufe ein Dia-Abend über Franz von Assisi. Eine großartige Sache, aber ich bin früher von Franziskanern erzogen worden, über Franz weiß ich genug.

Der Sturm jagt mich zurück in die Kneipe an der Ecke des Papeneiland, der Pfaffeninsel, es bleibt also römisch-katholisch. Vom Fenster im ersten Stock sehe ich, wie die Radfahrer gegen den Wind ankämpfen, sehe die hohe Brücke, die Lagerhäuser auf der anderen Seite, die noch Namen tragen wie Tromsö und Hammerfest.

Von unten dringt leises Stimmengewirr herauf, Stimmen, die ich erkenne, aus dem Wohnzimmer mit den kleinen Gläsern Kräuterbitter oder Genever, und den hohen Biergläsern, eine Welt für sich, abgeschlossen von der Welt da draußen.

Cees Nooteboom, *Jahrgang 1933, gehört zu den großen Schriftstellern der Niederlande. Für* MERIAN *schreibt er bereits seit über zehn Jahren.*
Helga van Beuningen *übersetzte den Text aus dem Niederländischen.*
Jordis Schlösser, *Jahrgang 1967, ist freie Fotografin und lebt in Berlin.*

www.merian.de
MERIAN
Berlin
Ihr Zugbegleiter
in den Urlaub.
MERIAN
live!
Sylt
MERIAN
classic
Dresden
KULTUR MIT GENUSS
Jetzt mit Kartenatlas
Neu! Extrakarte
KulTouren zu den Highlights
Jetzt mit großem Gewinnspiel.
Überall, wo's Bücher gibt.
Die Bahn DB
MERIAN
Die Lust am Reisen

Drei Gulden für eine Seele

Georg Naporra kam 1752 nach Amsterdam. Bei der Vereinigten Ostindischen Compagnie heuerte er als Matrose an. Der Abenteurer aus Ostpreußen beschrieb seine Erinnerungen an den Alltag im Hafen und die Jobsuche bei der ersten Aktiengesellschaft der Welt

Klar zum Auslaufen: Amsterdams Hafen war im Goldenen Jahrhundert das Tor zu neuen Welten

Ankunft in Amsterdam – 6. Juni 1752

Sobald unser Schiff angelegt hatte, kamen einige von den Seelenverkäufern geschickte Leute und fragten uns, was wir für Landsleute seien. Als wir's ihnen sagten, gaben sie sich auch für dergleichen aus, sprachen gut Deutsch und fragten, ob wir schon ein Logis hätten. Während wir verneinten, kamen immer mehr Leute dazu und boten uns freies Logis. Der Schiffer nahm mich beiseite und warnte mich, ich solle mich mit diesen Kerlen nicht einlassen. Er würde uns schon eine Herberge besorgen. Dennoch ließen uns die Männer nicht in Ruhe, bis der Schiffer ihnen befahl, sich vom Boote zu packen, oder er würde ihnen die Füße in Stücke schlagen. Da ließen sie uns zufrieden.

Am 7. gingen wir an Land und gaben unseren Adressbrief an Mijnheer Klaas van den Bergh ab. Er wohnte auf dem neuen Deich zwischen den Haarlemmer Schleusen. Sobald er den Brief gelesen hatte, fragte er, ob wir schon Logis hätten. Wir verneinten, er bot uns an, einen Krug zu verzehren und ging weg. Nach einer Weile kam er wieder und sagte, er hätte für uns eine Herberge bestellt. Wir müssten uns aber vorerst mit einem schlechteren Logis behelfen, bis etwas mehr Zeit sei, dann würde er weiter für uns sorgen. Wir sollten unsere Sachen an Land schaffen, was wir gleich am Nachmittag taten, und trugen sie zu einem Schneider in der Engelschen Steeg. Wir schliefen dort auf dem Boden, der aber schöner war, als bei uns die Stuben.

Für das Lager bezahlten wir dem Mann jeder sieben Stuivers die Woche, das Essen mussten wir uns selbst besorgen. Nach einigen Tagen besuchten wir unseren Freund, und er fragte, was wir weiter zu tun gedächten oder wohin wir weiter wollten. Wir gaben zur Antwort, dass unsere Absicht wäre, nach Ostindien zu gehen. Da erschrak er und sagte: „Um Gottes Willen, tut das nicht! Ihr könnt ja auch ein anderes Fahrwasser wählen, wenn ihr denn unbedingt fahren wollt. Ich habe Bekanntschaft mit einigen Capitains und will euch behilflich sein, dass ihr lieber nach Westindien geht. Ich will mich euretwegen mit ihnen besprechen." Wir gingen darüber vergnügt hinweg.

In unserem Logis gefiel es uns gut. Allein, das beste fing uns an zu mangeln, und das war das Geld. Denn weil wir nicht viel hatten, und hier außerdem die Lebensmittel sehr teuer sind, ging's uns zur Neige. Wir hatten nicht das Geringste zu tun und vertrieben uns die Zeit mit Müßiggehen. Wir besahen das Rathaus von Amsterdam, welches ein Wunder der Welt genannt werden kann. (...)

Unser Wirt fragte uns öfter nach unseren Neigungen, da wir alle Lust zeigten, nach Indien zu fahren. Ich konnte mich nicht recht entschließen, ob als Soldat oder Matrose. Mein Wirt überzeugte mich zu letzterem, weil er vorgab, selbst nach Indien gefahren zu sein, und sagte, dass ein Matrose viel mehr Freiheit auf dem Schiff hätte. Ich ließ mich überreden und erklärte mich zum Matrosenleben bereit.

Daraufhin fing er an, uns einige Lektionen zu geben, über die 32 Winde und den Kompass.

Das lernten wir in kurzer Zeit, danach übte er mit uns verschiedene Fragen und Antworten ein, die zuweilen bei der Examinierung der Freiwilligen in den Compagnie-Häusern gestellt würden. Als wir ihm auch die beantworten konnten, vermeinten wir schon ganz erfahrene Matrosen zu sein. Wir ließen uns sogleich Matrosenkleider machen, und unsere Landsleute, die sich zu Soldaten erklärt hatten, mussten sich viel Spott von uns anhören.

Ich schrieb gleich nach meiner Ankunft in Amsterdam an meine Eltern und Freunde in Königsberg und nahm noch einmal Abschied von ihnen. Mein alter Patron schickte gleich Antwort und bat mich, zurückzukommen, er wolle auch die Kosten der Reise tragen. Doch meine Gedanken waren schon in den schönsten und lustigsten Gegenden Indiens und wollten dieselben nicht verlassen.

Am 8. Juli kam ein Kurier vom Ostindischen Haus und meldete meinem Wirt, dass am 11. des Monats die edle Ostindische Compagnie Matrosen annehmen würde. Unser Wirt ermahnte uns, die Lektionen, die er uns gegeben hatte, gut im Kopf zu haben, damit niemand von uns mit Schande bestehen sollte. Am 11. ging er mit uns und sagte uns aufs Genauste, wie wir uns verhalten sollten. Meine Landsleute hatten sich aufs Beste angezogen, ich dagegen trug nur meine schlechte Seekleidung. Ich dachte, wenn ich einen Dienst bekommen sollte, so könnte das in guten Kleidern genauso geschehen wie in schlechten.

Ehe wir aufs Ostindische Haus gingen, nahmen wir eine gute Portion Genever oder Branntwein, damit wir mehr Herz bekommen möchten. Als die Glocke zehn schlug, wurde uns gemeldet, dass es jetzt Zeit wäre. Wir gingen also zum Tor auf dem großen Platz, welches das Gebäude der Compagnie, da es im Vierkant gebaut, bildet. Hier waren schon einige tausend seefahrende Leute versammelt, die alle Dienst haben wollten. Sobald die Türe geöffnet wurde, wollte jedermann der erste sein. Man drängte einander zur Seite, dass fast die Türen einbrachen. Deshalb stellte die Compagnie vier starke Kerle mit Holzbalken auf, die sie quer über die Türe legten, so dass keiner ohne ihre Erlaubnis ins Haus kommen konnte.

In Gruppen wurden immer nur so viele Leute eingelassen, wie das Haus durch eine andere Tür auch wieder verließen. Ich kam mit der vierten Partei in die Stube hinein. An der Ostseite des Raumes stand ein festes Geländer, das die Mitte der Stube abteilte. Dahinter standen vier Capitains, die die Matrosen examinierten und auswählten.

Hinter ihnen war ein langer Tisch voll Papier, an dem saßen einige Schreiber und zwei Angestellte der Compagnie, die sich die Examen der Matrosen mit anhörten.

Als ich einige Minuten gestanden hatte, rief mich ein alter Capitain von den vieren und fragte mich, ob ich schon recht gut gefahren sei.

Er redete mich aber so hart an, dass ich mich entsetzte. Ich antwortete ihm so gut ich konnte, dass ich zwar gefahren sei, aber nur zur Ostsee. Er fragte mich unterschiedliches zur Schiffsarbeit, darauf konnte ich ihm nicht ein Wort antworten. Wie ich also mit meinem Examen vor ihm nicht bestand, sagte er zu mir: „Mein Freund, geht nur Eurer Wege, solche Leute hat die Compagnie nicht nötig." Also musste ich unverrichteter Sache nach Hause gehen.

Am nächsten Tag, dem 12. Juli, zog ich mich als Indienfahrer an, einen blauen Rock und eine bunte Weste. Das Gedränge war ebenso schlimm wie gestern. Als ich wieder in die Stube kam, achtete ich darauf, dass ich nicht vor den Capitain von gestern kam, sondern ging auf einen jungen Capitain zu. Sobald ich vor ihm stand, fragte er mich, ob ich schon zur See gefahren sei. Ich sagte das gleiche wie gestern. Er fragte weiter, ob ich den Kompass kennen würde. Ich sagte, ja. Er fragte: „Was liegt über Nordost?", – ich sagte: „Südwest!" – „Gut", erwiderte er, „was wollt ihr an Gage haben?" – „Zehn Gulden", sagte ich. Er sagte: „Neun Gulden sollt ihr haben, lasst euch aufschreiben!" Ich ging sogleich zu dem Schreiber und ließ meinen Namen, mein Alter und den Geburtsort vermerken. Damit hatte ich nun Dienst und ging vergnügt nach Hause.

Am 13. mussten alle, die in die Dienste genommen waren, nochmals zum Ostindischen Haus. Wir wurden beim Namen gerufen, und als ein jeder geantwortet hatte, bekamen wir zwei Monatsgagen auf die Hand. Doch nicht als Geschenk, wir mussten jeder zwei Monate dafür dienen. Ich wurde auf das Schiff „Wimmenum" abkommandiert. Weil ich vernahm, dass meine Landsleute auf „Die Drei Papageien" geteilt worden waren, bat ich den Kassier, ob es nicht möglich wäre, dass ich zu meinen Freunden käme. Er wollte sich anfangs gar nicht dazu bereit erklären, erst als ich ihm vier Gulden gab, schrieb er mich auf das Schiff ein.

Unserem Wirt hatten wir uns verpflichtet, wenn er uns in Dienst bringen würde, dass ein jeder ihm eine Monatsgage für seine Mühe geben werde. Das taten wir, und am 14. Juli nahm ich einen Wechsel über 150 Gulden bei der Compagnie auf, denn ich hatte kein Geld, mein Logis zu bezahlen, und mich für die Reise mit Seekleidern zu versorgen.

Einen Wechsel gibt die Compagnie an jeden, der Dienst bei ihr nimmt. Wer ihn nimmt, kann ihn verkaufen, an wen er will und zu dem höchsten Preis, den er erzielen kann. Ich verkaufte meinen an einen Bürger für 86 Gulden, musste also 64 Gulden Schaden leiden, aber schließlich läuft auch derjenige, der den Wechsel kauft, Risiko dabei. Denn stirbt der Mensch, von dem er ihn gekauft hat, und hat kein Guthaben bei der Compagnie, so bekommt der Bürger nichts und hat sein Kapital verloren. Bleibt er aber am Leben, so hat er einen ansehnlichen Vorteil. Viele Bürger in Amsterdam leben davon, mit diesen Wechseln zu handeln.

Der Unterschied zwischen einem Seelenverkäufer und einem Bürger liegt darin, dass einer beim Seelenverkäufer die zwei Monatsgagen, die er auf die Hand bekommt, dem Seelenverkäufer geben muss. Er bekommt selbst nicht mehr als drei Gulden davon, gerade genug, um sich über ihn lustig zu machen. Auch den Schuldbrief muss er abgeben. Als Gegenleistung ist der Seelenverkäufer gehalten, den Matrosen mit den nötigen Seekleidern, Hängematte, Tobak und Branntwein für die Reise auszustatten, welches aber alles zusammen kaum 15 Gulden wert ist. Der andere, der bei einem Bürger ist, kann sich von seinem Geld nach Gefallen selbst ausstatten – schlecht oder gut, je nachdem wozu sein Geld gereicht. Bei einem Bürger muss ich, solange ich bei ihm bin, selber für Essen, Trinken und Logis vier Gulden bezahlen, dagegen bekommt ein Seelenverkäufer alles oben erwähnte, egal ob ich zwei Tage bei ihm gelegen habe oder ein halbes Jahr.

Von meiner Aufnahme in die Dienste der Compagnie habe ich schon erzählt, aber noch nicht von der Vergabe der Offiziersstellen. Die Offiziere werden einen Monat eher angenommen als das gemeine Volk, und es geht dabei sehr oft nach Gunst oder Empfehlungen oder um Geschenke. Ausgenommen sind nur diejenigen, die der Compagnie schon gedient haben und ein gutes Zeugnis vorweisen können. Bei den Unteroffizieren geht es nur nach Gunst und Geschenken. Wenn einer nur ein Mädchen bei einem der Direktoren zur Freundin hat, so kann er nicht fehlen, eine Unteroffiziersstelle zu erreichen, auch wenn er noch so wenig Erfahrung hat.

Mit den Soldaten geht es anders zu. Die Seelenverkäufer nehmen alles, was nur männlichen Geschlechts ist: Mag er auch jung oder alt, krumm, lahm, schief, auf einem Auge blind sein oder sonst einen Schaden haben, er wird doch Soldat, auch wenn er noch nie gedient hat. Völlig ungediente Leute lässt ein Seelenverkäufer vor sich selbst oder seiner Frau und Tochter exerzieren, und wenn sie dann einige Manöver können, so ist es schon hinlänglich.

Am 15. Juli schrieb ich nochmals nach Königsberg an meine Eltern und an gute Freunde und meldete ihnen, dass ich bereits Dienste bei dem Schiff „Die Drei Papageien" angenommen hatte. Ich versprach, wenn ich am Leben bleiben würde, dann sollte ich in der Zeit von sieben Jahren wiederkommen.

Georg Naporra, *geboren als Bauernsohn in Ostpreußen, war einige Jahre Kaufmannsknecht in Königsberg, später Bediensteter eines Adligen. 1752 reiste er über Danzig nach Amsterdam. Bei der Ostindischen Compagnie diente er als Matrose, fürchterlich erschien ihm das Leben auf der untersten Stufe der Hierarchie. 1756 kehrte er ohne Vermögen nach Danzig zurück, wo er als Kaufmann arbeitete und 1757 seine Memoiren schrieb.*
Der Historiker **Roelof van Gelder** *stieß in der Bibliothek des Rotterdamer Schifffahrtsmuseums auf die Memoiren Naporras, eine 500 Seiten starke Handschrift in gotischen Lettern, die in den Niederlanden unter dem Titel „Naporras Wereld" (Naporras Welt) als Buch erscheint.*

MERIAN - Info VOC – Weltkonzern unter Segeln

Die Vereenigde Oostindische Compagnie (VOC) machte die Niederlande im 17. Jahrhundert zur wichtigsten Handelsmacht Europas. Die Compagnie gilt als erste Aktiengesellschaft der Welt, sie unterhielt über 1500 Schiffe, hatte mehrere Außenposten in Asien und beschäftigte in ihrer Blütezeit 36 000 Menschen. Anlass für die Gründung der VOC war die Expedition einer Handelsflotte, die im April 1595 die Insel Texel Richtung Asien verließ. 30 Monate später kehrten drei der Schiffe zurück, die Frachträume voll mit Gewürzen. Der Beweis war erbracht, dass eine niederländische Handelslinie nach Asien erstens möglich und zweitens profitabel war.
Um die Kräfte der verschiedenen konkurrierenden Handelsunternehmen zu bündeln, gründete die holländische Regierung am 20. April 1602 die VOC und übertrug ihr das Monopol auf Handel und Seefahrt in die Gebiete östlich des Kaps der Guten Hoffnung. Hauptsitz der Compagnie war das Oost-Indisch-Huis in Amsterdam, weitere Kammern existierten in Enkhuizen, Hoorn, Rotterdam, Middelburg und Delft.
Die Aktien der VOC stiegen bereits im Gründungsjahr um das Dreifache im Wert, 1610 zahlte die Compagnie erstmals Dividenden an die Aktionäre aus: bis 1645 in Naturalien wie Pfeffer, Salz und Wolle, danach in fester Währung. Der Handel mit Waren aus Fernost, vor allem mit Spezereien wie Pfeffer, Zimt und Nelken, florierte, die Holländer kontrollierten rasch den europäischen Markt. 1621 wurde die „Geoctroyeerde Westindische Compagnie" (GWC) geschaffen, die das Handelsmonopol auf Westafrika sowie Süd- und Nordamerika besaß und unter anderem eine Insel im Hudson River kolonialisierte: Nieuw Amsterdam, das heutige New York. Die GWC war jedoch nie so erfolgreich wie ihr Vorbild im Orient. Die VOC errichtete Handelsposten in Südostasien, von denen einige später zu Kolonien wurden. In Batavia, dem heutigen Jakarta, entstand das wichtigste Verwaltungszentrum in Übersee, das Kap der Guten Hoffnung war Zwischenstopp auf jeder Reise. Dreimal im Jahr stach eine Flotte von zwei bis fünf Schiffen in See, an Bord je 300 bis 350 Seeleute. Fast die Hälfte der Besatzung waren Ausländer, darunter auch viele Deutsche, meist angeheuert von Seelenverkäufern in Amsterdam und anderen Hafenstädten. Im Verlauf ihrer fast 200-jährigen Existenz riskierten mehr als eine Million Menschen ihr Leben für die Compagnie und einen Hungerlohn – weniger als ein Drittel kehrte zurück, der Rest suchte sein Glück in Asien oder ließ sein Leben auf der Reise.
Am Ende ließ sich das größte Unternehmen seiner Zeit nicht mehr gewinnbringend führen: Die VOC ging an Misswirtschaft und Korruption zu Grunde, die Regierung übernahm am 31. Dezember 1799 deren Schulden in Höhe von 119 Millionen Gulden. Das Handelsmonopol fiel an Großbritannien, das fortan die Welt dominierte. *Thomas Hammer*

Routing
Essen & Trinken
Sport & Spiel
Sehenswertes
Ausgehen
Übernachten
MERIAN
pcscout
Deutschland
Österreich, Schweiz
Südtirol und Elsass
2002 | 2003
Reiseplaner
+ Routing
Übernachten: über 15.000 Hotels, Pensionen und sonstige Herbergen
Essen und Trinken: über 16.000 Restaurants
Sehenswertes: über 10.000 Bauwerke, Museen und Parks
Ausgehen: über 7.000 Veranstaltungsorte, Bars, Cafés und Kneipen
Golf: über 750 Golfplätze und Driving Ranges
DER FEINSCHMECKER: die besten Restaurants, Hotels und Weingüter
Routing: topaktuelle Stadtpläne und Karten
Jetzt bestellen:
Serviceline 0180/5 32 53 35
oder unter
www.merianscout.de

Freitagabend um elf, Hauptgeschäftszeit in den Fensterbordellen an der Alten Kirche. Marilyn (35) posiert in selbst entworfenen Dessous

Ein Job wie jeder andere

Im berühmtesten Rotlichtviertel der Welt sind die meisten Frauen ihr eigener Chef. Wer sich anbieten will, mietet ein Fenster – ganz legal. Der Staat bestimmt die Regeln im Berufsverkehr

Manche Männer klammern sich an die Illusion. Sie wollen einmal derjenige sein, bei dem sich mehr ereignet als bei allen anderen. Ein ewiger Männertraum, auch hier im ältesten Teil Amsterdams; jenem bisschen Land, das die Stadt im 13. Jahrhundert dem Wasser mit einem Wall abtrotzte, der dem Rotlichtviertel seinen Namen gab: De Wallen, verniedlicht zu Walletjes.

Tausende von Männern wandern täglich durch die Straßen, vorbei an Fenstern, hinter denen die Frauen Barbiepuppen in Plastikverpackungen gleichen: Körper auf purpurnem Grund, weiß, schwarz, elfenbeinfarben und manchmal schon ein wenig welk, allesamt käuflich, alle zu haben. Männer sind Kunden, Freier. Und Freier, die davon träumen, etwas Besonderes zu sein, „lesen zu viele Frauenzeitschriften", sagt Jacqueline und lacht. „Softies, die einem sagen, ich will, dass es auch schön für dich ist." Sie lacht noch lauter, wirft ihren Kopf in den Nacken und rollt mit den Augen. „Ich denke immer nur: *come on!* Habe alles andere im Kopf – wo ist meine Geldbörse, wie spät ist es, ich bete, dass das Kondom nicht verrutscht! Was bilden die sich ein?"

Jacqueline war berühmt für ihre roten Haare und ihre Hotelbesuche, ihr Leib war beliebt. „Immer hatte ich die volle Kontrolle über die Situation", versichert sie unaufgefordert, sogar bei der Fußballmannschaft, damals im Hotel. Erst seien sie ganz laut gewesen in der Lobby, und dann auf den Zimmern ganz kleinlaut, einer nach dem anderen. Wieder lacht sie.

Vor sieben Jahren hat Jacqueline aufgehört mit dem Job, viele Freier bedauern das. Dennoch ist sie im Viertel geblieben und auch im Milieu. Sie arbeitet im Prostitutions-Informations-Zentrum gleich neben der Oude Kerk, der Alten Kirche, erklärt gerade einem italienischen Touristen den Unterschied zwischen Swinger-Clubs und Bordellen. Ja, es gebe ihn noch, den Club Paradis hinter der Eisenbahnbrücke, wo er vor Jahren schon einmal war. Nein, die Ladyboys seien jetzt woanders. Transvestiten seien gerade in, sagt sie, als der Italiener gegangen ist. „Erst kamen die Schwarzen, dann die Asiaten, dann Osteuropäerinnen und jetzt die Transvestiten."

Die Realität knallt einem manchmal hart ins Gesicht im Walletjes, härter als anderswo in der Stadt. Im Hotelprospekt war vom „Supermarkt der bezahlten irdischen Liebe" zu lesen, vom „visionären Modell einer urbanen Harmonie". Was wohl die Junkies an den Brücken von der urbanen Harmonie halten und was die Frauen hier von der irdischen Liebe?

Sie riecht nach Cognac, jene Frau, die plötzlich da ist, sich festklammert und den Ärmel nicht mehr loslässt. „Deutsch? Sprechen Sie Deutsch?", fragt sie mit schiefem Mund, ihre Zähne sind abgenutzt. „Ich spreche auch Deutsch", sagt sie dann und geht.

Da steht der alte Schwarze, den alle den Sänger nennen. Er hat immer einen Reggae auf den Lippen, „Baby, I'm yours, baaaaby, I'm yooours", singt er kehlig, dazu klimpern ein paar Münzen in seiner Plastikflasche. Jeden Tag dreht er seine Runden, leicht gebückt. Am Kirchplatz steht ein athletischer dunkelhäutiger Junge, im durchsichtig-schwarzen Spitzenkleid und hohen Pumps, mit einer roten Rose am Dekolleté. Er winkt.

Trompettersteeg heißt die Gasse, die mittelalterlich eng zwischen zwei Häuserreihen verläuft. Zu beiden Seiten sitzen die Frauen, dicht an dicht. Man muss ganz nah vorbei an ihnen, so nah, dass man sie berühren könnte. Einige von ihnen haben engelsgleiche Züge. Ein paar wirken stolz wie die lebensgroßen Porträts der niederländischen Bürgerfrauen im Rijksmuseum. Nur dass die hier sich mehr bewegen und weniger bekleidet sind.

Eine von ihnen ist Marilyn. Natürlich heißt sie nicht wirklich so, alle Frauen hier haben Künstlernamen. Marilyn spricht für Geld. Sie ist blond wie die meisten hier, denn Blonde machen mehr Umsatz. „Siebzig", sagt sie und sieht dabei ein klein wenig aus wie die Monroe. Sie hat eine Menge Ringe im Ohr und eine schmale Taille. Sie redet viel und trinkt Dosenbier, während sie erklärt, was bei ihr wie viel kostet. Ihre Stimme klingt selbstbewusst. Nur manchmal am Ende ihrer Sätze – man hat es schon bei anderen gehört im Viertel – kommt der

Gesetzeshüter mit Nachsicht: Null Toleranz gilt hier als falsche Strategie

Folter und Fesseln, verrucht inszeniert: Die Sado-Maso-Abteilung im Erotic Museum lässt Reisegruppen erschaudern

Anfahrt im Ami-Schlitten: Im Milieu pflegt man den großen Auftritt, es darf gern etwas greller und extravaganter sein

Zimmer mit Aussicht: Wer gafft nur, wer zögert, wer will? – Profis wissen, bei welchem Typ sich die Anmache lohnt

Eindruck auf, dass der forsche Ton einen kurzen Moment lang bricht. Und dass es bei aller Routine eben doch keine Arbeit ist wie jede andere, hier im Walletjes.

Ob ihn auch andere Männer hören, diesen brüchigen Unterton? Ob die sich auch hinter die Glastür begeben, sich zunächst fühlen wie Alice im Wunderland und dann ziemlich schnell wie Lieschen im Verlies? Ob sie die Kacheln sehen, die den Boden bedecken, die dünne Schaumgummi-Matratze ummauern bis hin zum Waschbecken in der Ecke? Ob sie Zitronenputzmittel riechen, den synthetischen Lavendel und den leichten Duft nach Hallenbad?

Marilyn trägt Leder. „Wenn du willst, auch etwas in Weiß“, das hat sie selbst entworfen. „Ich tanze auch“, sagt sie. Erotisch, versteht sich. Jeden Tag lehnt sie einen Steinwurf von der Kirchmauer entfernt in ihrem Fensterrahmen, legt das linke Bein auf einen Ikea-Barhocker, unter sich weiße Kacheln, hinter sich eine unschuldige Jugend und vor sich gaffende Engländer.

„Zehn Italiener kannst du in einer Stunde machen“, erzählt sie, „weil sich immer der Rudelführer ein Mädchen aussucht, und das wollen dann auch alle anderen haben.“ Die Deutschen seien am gründlichsten, sagt sie, und Geld bei denen nie ein Problem.

Besuch aus England: Supermänner im Anflug, unter der Taille gut gefüttert

Marilyn lacht. Marilyn liebt Strass. Und zurzeit Eric, einen Hünen von zwei Metern, keine 25 Jahre alt, ein Strahlemann mit einem riesigen Tattoo auf dem Rücken, der ihr Ärger vom Leib hält: „Durch mich kommt keiner durch, und an mir kommt keiner vorbei“, sagt er. Wer es nicht glaubt, sollte einmal erleben, wie er mit bloßem Hände-in-die-Hüften-Stemmen 20 Texaner am Näherkommen hindert, die Marilyn gern mal fotografieren würden. Geht nicht, sagt er dann. Und wenn Eric das sagt, begreift das jeder Texaner.

Ob er manchmal eifersüchtig ist? „Klar, ist doch nur menschlich. Ich muss das einfach lernen. Aber Marilyn und ich reden oft darüber, das hilft.“ Nur wenn sie direkt vor ihm angemacht wird, auf einer Party oder im Pub, „dann gehe ich auf den Typen zu und warne ihn. Einmal. Ich warne niemanden zweimal“, sagt er. Eric trägt Marilyn zum Auto, wenn sie nicht mehr laufen kann auf ihren Zehn-Zentimeter-Absätzen. Und wenn sich die beiden küssen, dann wirkt das sehr verliebt.

„Keine Kissen!“ Christy, die Vorsitzende der Hurengewerkschaft „De roode Draad“ – Rubens hätte diese Frau geliebt – schlägt mit der Hand auf das rostige Brückengeländer. Das bebt, weil sie sich so aufregt: „Allerhöchstens Nackenrollen! Das ist Regel Nummer eins! Damit du nicht erstickt werden kannst!“ Kissen aber sind neuerdings Vorschrift, auf Beschluss der Herren und Damen in Den Haag, Paragraph 250a, seit dem 1. Oktober 2000 in Kraft. Nur ein Detail aus der neuen Gesetzgebung über Prostitution.

Eine Neuregelung war überfällig, das alte Recht widersprüchlich: Prostitution wird zwar seit 1811 geduldet, Rotlichtbetriebe und Zuhälterei aber waren de jure verboten. Die in der juristischen Grauzone angesiedelten Bordelle zu legalisieren, war erklärtes Ziel der Gesetzgeber.

Die Bordellbetreiber und viele Prostituierte sehen das anders. Die Regierung wolle das Geschäft unter Bewachung stellen und dem ganzen Viertel Stück für Stück den Garaus machen. So sieht es auch Gewerkschaftschefin Christy. „Bordelle brauchen jetzt Lizenzen“, sagt sie, und deren Anzahl sei begrenzt. Außerdem müssten sie immer wieder neu beantragt, aber nicht erteilt werden.

„Als einzige Berufsgruppe im Land müssen wir unsere Ausweise immer bei uns tragen! Und dann Kissen! Da sieht man mal, wie wenig Ahnung die haben.“ Sie fährt sich mit beiden Händen durchs lange Haar, einige Männer verlangsamen ihren Schritt. Dabei arbeitet Christy gerade nicht. Erst gestern hat sie einen Hausbesuch gemacht, einen „Schnabbel“, wie sie es nennt. Ganz legal, weil sie Bürgerin eines europäischen Staates ist und in den Niederlanden Steuern zahlt, anders als die schätzungsweise 15 000 Frauen, die landesweit illegal der Prostitution nachgehen. „Ich glaube nicht, dass die aufgehört haben zu arbeiten!“, sagt Christy. „Seit die Bordellbesitzer die Pässe sehen müssen, wenn man für sie anschafft, sind nur die Preise für falsche Papiere gestiegen." Die Illegalen würden in den Untergrund gedrängt – ein weiteres großes Manko des neuen Gesetzes.

Viele der Fenster im Viertel stehen deshalb leer. Und man sieht jetzt tagsüber oft Männer, die ein Stück rötliches Papier gegen das Tageslicht halten, um Wasserzeichen zu prüfen. Immer, wenn sie ein lautes Pfeifen hören, laufen sie auseinander, genau wie die Dealer. Dann kommt Hugh um die Ecke, der Polizist. Er ist seit 32 Jahren hier, und auf sein Pfeifen achtet jeder, der keinen Ärger will. Dass man mit den Menschen leben muss, sagt er mit seinen gütigen Augen und dem grauen Vollbart, und dass die deutsche Polizei das sicher etwas anders sähe. Auf einmal blickt er starr und streng in eine Gasse hinein, wo ein junger Schwarzer so unbeteiligt wie irgend möglich an einer Backsteinmauer lehnt.

Marika van Doorning ist keine Prostituierte, aber in Sachen käuflicher Liebe macht ihr trotzdem niemand etwas vor. Seit fünf Jahren arbeitet die Soziologin für das Institut zur Erforschung der Prostitution, sie hat am Paragraphen 250 mitgearbeitet: „Vor dem Gesetz ist Prostitution nun ein Job wie jeder andere auch", sagt sie. Über 80 Jahre lang sei das Business nicht kontrolliert worden, da könne man nicht erwarten, dass sich jetzt sofort alle daran halten. „Auch Legalisierung braucht Anleitung, die Prostituierten haben schließlich fast hundert Jahre proletarischer Emanzipation verpasst", sagt Marika van Doorning. „Man muss ihnen die Rolle in der Gesellschaft geben, die ihnen zukommt."

Gering ist die nicht. In den Niederlanden gibt es laut Untersuchungen ihres Instituts 7000 offizielle Arbeitsplätze von Prostituierten, 450 Fenster allein in Amsterdam. Geschätzte 10 000 bis 12 000 Menschen arbeiten landesweit täglich im Gewerbe. Und zählt man die Gelegenheits-Prostituierten mit, sind es etwa 25 000, bei einer Bevölkerung von 16 Millionen. Man dürfe, sagt Marika van Doorning, die „Sexworker" nicht stets als Opfer sehen, der alte Mythos vom gefallenen Mädchen erschwere jede Diskussion. Nicht einmal die Migrantinnen ohne Aufenthaltserlaubnis seien Opfer des Milieus. „Sie fliehen vor der Armut oder aus einem frauenfeindlichen Kulturkreis. Erst die Illegalität zwingt sie ins Gewerbe. Sie ist das Problem Nummer eins, nicht die Prostitution."

Ob es wirklich stimmt, was so viele der Frauen sagen: Dass sie immer die volle Kontrolle haben, in jeder Situation? Die Soziologin zögert. „Hofft nicht jeder, über sein Leben die volle Kontrolle zu haben?"

Morgens um neun, wenn das Rotlicht ausgeschaltet ist, herrscht ein anderer Alltag im Viertel. Herr Smals steht an der Werkbank im Haus Oudezijds Achterburg Wal 133 und biegt ein Blech zurecht, es macht ein Geräusch, als würde jemand Teller in die Spüle fallen lassen. Der Traktor des Schrotthändlers rumpelt samt Anhänger vorbei, nahe am Wasser entlang, dort, wo am Abend zuvor ein Engländer von seinen Freunden in die Gracht gestoßen wurde.

Marilyn liebt Strass, auch nach der Arbeit, und Eric, der ihren Job akzeptiert

Hinter den Fenstern stehen leere Stühle, vor die roten Leuchtstoffröhren sind weiße Klöppelvorhänge gerafft. Im Haus Nummer 51 wechselt ein Mann auf einer Leiter Sicherungen aus, nur seine Hosenbeine sind zu sehen. Drüben im Altenheim soll noch der Mann wohnen, der den Mädchen früher die roten Glühbirnen gewechselt hat. Im Star Shop an der Ecke sortiert Klaas eine Lieferung schmutziger Videos ein. Und gleich daneben sitzt bereits die Frühschicht. Blond, in schwarzer Spitze. Sie grüßt freundlich.

In einem der verlassenen Fenster liegt auf dem Holzstuhl eine zerlesene spanische Zeitschrift. Ihr abgegriffenes Titelbild zeigt eine glückliche, junge Familie. Vater, Mutter und Kind. Der Vater trägt das Kind auf den Schultern und hält die Mutter im Arm.

Harald Stazol, *Jahrgang 1970, lebt als freier Journalist in Hamburg-St. Pauli. Er schreibt dennoch nicht nur Milieu-Reportagen, sondern meistens über Kultur und Lifestyle.*
Georg Knoll, *Jahrgang 1968, Fotograf aus Berlin und Mitglied der Agentur* Bilderberg, *klopfte auf der Suche nach Modellen an viele Fenster.*

Ganz alltäglicher Verkehr in den Walletjes: Am Morgen danach spielt das Rotlichtviertel Grachtenidyll

Joint Venture: Im Coffeeshop treffen sich Biker und Schwere Jungs, die ideale Zielgruppe für den Tattooshop im Souterrain

MERIAN-Impressum

Gegründet 1948 im Hoffmann und Campe Verlag zu Hamburg

Herausgeber: Manfred Bissinger
Chefredakteure: Emanuel Eckardt, Wolf Thieme
Stellvertretende Chefredakteurin: Gesa Engelschall
Textchefs: Otmar Jenner, Fred Langer
Art Directorin: Sabine Lehmann
Chef vom Dienst: Tibor M. Ridegh
Redakteure: Charlotte von Saurma, Kathrin Sander
Redakteurin dieses Heftes: Kathrin Sander
Magazin: Peter Würth
Schlussredaktion: Tibor M. Ridegh (Vertretung Jasmin Wolf)
Dokumentation: Jasmin Wolf
Mitarbeit: Thomas Hammer, Dr. Birgit Haustedt,Claudia Schmidt, Andreas Weber
Layout: Dorothee Schweizer (stellvertr. Art Directorin), Ingrid Koltermann, Cornelia Böhling, Katharina Holstein, Beate Meding
Bildredaktion: Eva M. Ohms, Hanni Rapp
Bildredakteurin dieses Heftes: Eva M. Ohms
Kartographie: Peter Münch
Verlagsleitung: Peter Rensmann
Herstellung: Heidrun Seven
Gesamt-Anzeigenleitung (verantw.): Roberto Sprengel
Anzeigenleitung: Christel Janßen
Anzeigenstruktur: Patricia Hoffnauer
Vertriebsleitung: Stefan Zastrutzki (Zeitschriftenhandel), Jan Wiesemann (Buchhandel)

MERIAN erscheint monatlich im Jahreszeiten Verlag GmbH Poßmoorweg 5, 22301 Hamburg Tel. 040/27 17-0, Fax 040/27 17-20 56.
Anschrift der Redaktion: Harvestehuder Weg 42, 20149 Hamburg, Postfach 130444, 20139 Hamburg, E-Mail: Redaktion@Merian.de Tel. 0 40/441 88-0, Fax 040/441 88-3 10
Website: www.merian. de
Leserservice: Postfach 601220, 22212 Hamburg, Tel. 040/87 97 35 40 Fax 040/27 17-20 79

Gültige Anzeigenpreisliste: Nr. 37b. Das vorliegende Heft Mai 2002 ist die 5. Nummer des 55. Jahrgangs.

Preis im Abonnement monatlich 6,37 €, inklusive Zustellung frei Haus. Der Bezugspreis enthält 7% Mehrwertsteuer.
Postgirokonto Hamburg 132 58 42 01 (BLZ 200 100 20), Commerzbank AG, Hamburg, Konto-Nr. 611657800 (BLZ 200 400 00)
Führen in Lesemappen nur mit Genehmigung des Verlages.
Printed in Germany.

Litho: Alphabeta,Druckformdienst GmbH, Hamburg.

Druck und Verarbeitung: heckel GmbH, Nürnberg.
ISBN: 3-7742-6705-7
MERIAN (USPS No. 011-458) is published monthly. The subscription price for the USA is $ 110 per annum. K.O.P.: German Language Publications, Inc., 153 South Dean Street, Englewood NJ 07631. Periodicals postage is paid at Englewood NJ 07631, and at additional mailing offices. Postmaster: send address changes to:
MERIAN, German Language Publications, Inc., 153 South Dean Street, Englewood NJ 07631.

Bildnachweis

o=oben, u=unten, m=Mitte, r=rechts, l=links
Titel: Peter Rigaud; S. 3 Marc-Oliver Schulz; S. 6/7, S.6 rm Jurjen Drenth, S. 6 u Max Lautenschläger; S. 7 o Christian Richters, u AKG; S. 8 -1. Foto v. o. Andri Pol, 2. F. Georg Knoll, 3. F. Doris Fanconi, lu Jordis Schlösser/Ostkreuz, ru Christian Sarramon; S. 10 o Floris Leeuwenberg/TCS, ru dpa, lu Johntoy BV; S. 12 o Wilfried Bauer, u Miquel Gonzales/laif, r Wooden Shoes of Holland; S. 14 ro Arjen Veldt, lm, u Ray Taylor, ru Edo Kuipers/Amsterdams Fonds voor de Kunst; S. 18/19, 22/23, 25, 26/27; S. 20/21 Siebe Swart/Hollandse Hoogte/laif; S. 24 Schlösser; S. 28 Jan Boeve/Hollandse Hoogte/ laif; S. 29 Jurjen Drenth, S. 31 Andri Pol; S. 32 Leeuwenberg/ TCS; S. 36/37, 40 lu, 41 l Richters, S. 38/39, 40/41 u Markus Kirchgessner, S. 41r t-Max; S. 44/45 bis 50/51 Pol; S. 52 Frank Nikol; S. 54/55, 57 The Trustees of the Wallace Collection, London; S. 56, 58/59 Arne Hodalic/Saola/Studio X, S. 59 l Gemäldegalerie Kassel, r Gemäldegalerie Dresden; S. 60 o AKG; S. 62 Sake Rijpkema/Hollandse Hoogte/ laif; S. 64 Arjan Groot, S. 65 Dept; S. 66/67 Martjin Engelbregt; S. 68/69 Harry Gruyaert/Magnum/Focus; S. 70/71 bis 77 Lautenschläger; S. 78 Miquel Gonzales/laif; S. 80/81 Huub Smeding/Foto Natura/TCS, S. 82/ 83 Drenth, S. 84 lo Leeuwenberg/ TCS, S. 84 lu, ro, S. 86 Michael Hughes, ru Drenth; S. 90/91 bis 98 Schlösser/Ostkreuz; S. 100 Arne Hodalic/Saola/Studio X; S. 104/105 bis 111 Knoll; S. 113 Bauer; S. 114 Blakes Hotel; S. 115 Kirchgessner; S. 116 Food Stock; S. 117 Leeuwenberg/TCS; S. 118 Harald A. Jahn/Viennaslide; S. 120 Frans Lemmens; S. 122/123 Gonzales; S. 124 Stefano Amantini/Atlantide; S. 126 Leeuwenberg/TCS; S. 127, 128 o Drenth; S. 128 u Schlösser/Ostkreuz; S. 129 Jochen Tack/Das Fotoarchiv; S. 130 Leeuwenberg/ TCS; S. 134 Ed van der Elsken/The Netherlands Photo Archieves; S. 138 o Ulla Kimmig, lu Guido Mangold, ru Murat Türemis.

MERIAN service Amsterdam

Foto: Wilfried Bauer

Begegnung mit van Gogh im Rijksmuseum. Das späte Selbstporträt des Malers entstand 1887

Ein Hauch von Asien: Das Blakes greift Hollands koloniale Vergangenheit auf

ÜBER NACHT

Großer Auftritt hinter schmalen Fassaden

In Amsterdamer Luxushotels ist der Geist des Goldenen Zeitalters lebendig

Die Gäste der fünf Nobelhotels **The Grand**, **Ambassade**, **Barbizon Palace**, **Pulitzer** und **Blakes** logieren hinter denkmalgeschützten Fassaden. Mehr als 7000 schutzwürdige Gebäude gibt es in der Innenstadt, sie zu attraktiven Hotels mit besonderem Flair umzugestalten, ist für Architekten zur ästhetischen Herausforderung geworden.
Und eine Spezialität mit Tradition: Schon 1578 entstand aus dem säkularisierten Cäcilienkloster der Princenhof, ein „Logement voor Princen en Groote Heeren". Zu den Gästen zählten Willem van Oranje, Statthalter der Niederlande, und Maria de' Medici, Königin von Frankreich. 1647 übernahm die Admiralität, später die Stadtregierung das Gebäude. Nach 180 Jahren als Rathaus-Provisorium erhielt der Princenhof 1992 mit dem Umbau zum Fünf-Sterne-Hotel **The Grand** seine alte Funktion zurück. Im Hotelrestaurant Café Roux, der ehemaligen Rathauskantine, ist das berühmte Wandgemälde „Vragende Kinderen" des COBRA-Künstlers Karel Appel zu sehen. Der Jugendstil-Künstler Chris Lebeau gestaltete 1926 den Trauungssaal, in dem immer noch geheiratet wird.
Hinter der 370 Jahre alten Fassade des ersten Amsterdamer Stadttheaters empfängt seit 1999 **Blakes**, das erste Designhotel des Landes, seine Gäste. Auch dies ein Haus mit bewegter Geschichte. 1777 hatte das Theater gebrannt, und an seiner Stelle entstand ein Armenkontor. Wo einst das Armenbrot verteilt wurde, steht heute Schilo van Coevorden, ehedem Chefkoch des Scheichs von Dubai, in der Küche. Die Londoner Designerin Anouska Hempel gestaltete die Interieurs der 36 um einen ruhigen Innenhof gruppierten Zimmer und Suiten – minimalistisch und mit asiatischen Elementen.
Besonders begehrte Objekte zur Umgestaltung sind die schmalen Amsterdamer Giebelhäuser aus dem 17. und 18. Jahrhundert. 25 Häuserfronten schmücken das Pulitzer an der Prinsengracht. Auch das Hotel **Ambassade** eröffnete 1953 in einem alten Giebelhauskomplex, zehn Gebäude wurden durch verwinkelte Gänge miteinander verbunden. Hier nächtigten im Ambiente des Goldenen Zeitalters zum Beispiel die Autoren E. Annie Proulx, Salman Rushdie oder John le Carré . Und das **Barbizon Palace** am Eingang zum Rotlichtviertel hat neben 19 renovierten Giebelhäusern auch St. Olof, eine frühere Seemannskirche, als Konferenzzentrum einbezogen.

❶ **Ambassade** (C 5), Herengracht 341, 1016 AZ (Centrum), Tel. 555 02 22, Fax 555 02 77, www.ambassade-hotel.nl, info@ambassade-hotel.nl, DZ ab 180 €
❷ **Barbizon Palace** (D 3), Prins Hendrikkade 59-72, 1012 AD (Centrum), Tel. 556 45 64, Fax 624 33 53, www.goldentulip.nl/hotels/gtbpalace, info@gtbpalace.goldentulip.nl, DZ ab 250 € M
❸ **Blakes** (B 5), Keizersgracht 384 , 1016 GB (Centrum), Tel. 530 20 10, Fax 530 20 30, www.slh.com/blakes/, blakes@slh.com, DZ ab 350 € M M M
❹ **Pulitzer** (B 4), Prinsengracht 315-331, 1016 GZ (Centrum), Tel. 523 52 35, Fax 627 67 53 www.pulitzer.nl, sales_amsterdam@sheraton.com, DZ ab 380 € M M
❺ **The Grand** (D 4), O.Z. Voorburgwal 197 1012 EX (Centrum), Tel. 555 31 11, Fax 555 32 22, www.thegrand.nl, hotel@thegrand.nl, DZ ab 360 € M M

Die Bewertungen:

Alle Adressen im Service-Magazin sind Empfehlungen der MERIAN-Redaktion. Hotels, Restaurants, Clubs und Cafés kann zusätzlich ein Merian-M als Auszeichnung für besondere Leistungen über unsere Empfehlungen hinaus verliehen werden.

M sehr gut
M M herausragend
M M M nicht zu übertreffen

Alle mit einem MERIAN-M ausgezeichneten Adressen erhalten MERIAN-Urkunde und -Sticker (auf Anfrage).

❻ Acacia

(B 2), Lindengracht 251
1015 KH (Jordaan)
Tel. 622 14 60, Fax 638 07 48
www.hotelacacia.nl
acacia.nl@wxs.nl, DZ ab 80 €
Kleines 2-Sterne-Hotel. Samstags Markt vor der Tür.

❼ Amstel

(E 7), Prof. Tulpplein 1
1018 GX (Centrum)
Tel. 622 60 60, Fax 622 58 08
www.interconti.com
amstel@interconti.com
DZ ab 520 € M M M
Das erste Haus am Platz mit Sicht auf die Amstel.

❽ Arena

(G 6/7), 's Gravesandestraat 51
1029 AA (Oost)
Tel. 850 24 60, Fax 850 24 15
www.hotelarena.nl
info@hotelarena.nl
DZ ab 125 € (incl. Frühstück)
Zur Hippiezeit städtisches Sleep-Inn, heute Jugendhotel für Rucksacktouristen mit Restaurant, Terrasse, Disco.

❾ Bicycle Hotel Van Ostade

(C/D 8), van Ostadestraat 123
1072 SV (Pijp)
Tel. 679 3452, Fax 671 52 13
www.bicyclehotel.com
bicyclehotel@capitolonline.nl
DZ ab 65 €
Preiswert, mit Fahrradverleih im Studentenviertel de Pijp.

❿ De l'Europe

(D 5), Nieuwe Doelenstraat 2-8
1012 CP (Centrum)
Tel. 531 17 77, Fax 531 17 78
www.leurope.nl
hotel@leurope.nl
DZ ab 320 € M M
An der Amstel, mit schöner Terrasse, 1896 im niederländischen Neo-Renaissancestil gebaut. Viktorianische Tradition und perfekter Service.

⓫ De Filosoof

(A 6), Ann van den Vondelstraat 6
1054 GZ (Museumsviertel)
Tel. 683 30 13, Fax 685 37 50
www.hotelfilosoof.nl
reservations@hotelfilosoof.nl
DZ ab 111 € M M
Charmantes 3-Sterne-Hotel für Dichter und Denker am Vondelpark. Jedes Zimmer ist einem Philosophen gewidmet.

⓬ Krasnapolsky

(D 4), Dam 9, 1012 JS (Centrum)
Tel. 554 91 11, Fax 622 86 07
www.krasnapolsky.nl
info@krasnapolsky.nl
DZ ab 290 €
1883 eröffnete Adolf Wilhelm Krasnapolsky sein Grand Hotel zur Weltausstellung. Größte Attraktion war der elektrisch illuminierte Wintergarten, wo man heute frühstücken kann.

⓭ De Munck

(E 6), Achtergracht 3
1017 WL (Centrum)
Tel. 623 62 83, Fax 620 66 47
www.hoteldemunck.com
demunck@wxs.nl, DZ ab 95 €
Alle 14 Räume in diesem alten Haus eines Kapitäns der Ostindischen Compagnie sind modern ausgestattet.

⓮ Nova Hotel Amsterdam

(C 4), N.Z. Voorburgwal 272-280
1012 RS (Centrum)
Tel. 623 00 66, Fax 627 20 26
www.bookings.nl/hotels/nova
novahotel@wxs.nl
DZ ab 140 €
Gemütliches Hotel in fünf zum Teil unter Denkmalschutz stehenden Häusern. Noch vor 20 Jahren hatte die Tageszeitung *Trouw* hier ihr Domizil – der Voorburgwal war Amsterdams „Fleetstreet“.

⓯ Okura

(C/D 9), Ferdinand Bolstraat 333
1072 LH (Pijp)
Tel. 678 71 11, Fax 671 23 44
www.okura.nl, sales@okura.nl
DZ ab 265 €
Das japanische 5-Sterne-Hotel bietet vom Ciel Bleu Dach-Restaurant im 23. Stock eine großartige Aussicht. Das Okura ist zugleich ein gigantisches Barometer; das Dach wird je nach Wetterprognose blau, grün und weiß erleuchtet. Nur am Geburtstag der Königin ist alles in Orange getaucht.

⓰ Schiller

(D 6), Rembrandtplein 26-36
1017 CV (Centrum)

Wie ein Luxus-Liner auf der Gracht: das Amstel

Tel. 554 07 00, Fax 626 68 31
www.goldentuliphotels.nl
sales@gtschiller.goldentulip.nl
DZ ab 220 €
Gegründet 1912, war das Haus als Künstlertreff legendär. Das Art-déco-Café Schiller im Parterre wurde von Kabarettisten und Theaterleuten frequentiert und ist auch heute noch ein beliebter Treffpunkt.

⓱ 't Hotel

(C 3), Leliegracht 18
1015 DE (Centrum)
Tel. 422 27 41, Fax 626 78 73
www.bookings.nl/hotels/thotel
th.broekema@hetnet.nl
DZ ab 134 €
Klein, neu und freundlich in romantischer Grachten-Lage. Man muss genau aufpassen, um nicht vorbeizulaufen (im Parterre der Bric-à-brac-Laden „De Ambassade van Vriesland“). Nur kurze Wege zum Dam und zum Anne-Frank-Haus.

⓲ Toren

(B 3), Keizersgracht 164
1015 CZ (Centrum)
Tel. 622 60 33, Fax 626 97 05
www.toren.nl, hotel.toren@tip.nl
DZ ab 115 €
Urgemütliches Familienhotel an der breitesten Wohngracht, der Keizersgracht. An der Rückseite ein Garten mit Suite im Gartenhaus. Bis 1920 wohnte hier ein niederländischer Regierungschef.

⓳ Winston Art

(D 4), Warmoesstraat 129
1012 JA (Centrum)
Tel. 623 13 80, Fax 639 23 08
www.winston.nl, DZ ab 80 €
Am Rande des Rotlichtviertels. Alle Zimmer von Künstlern eingerichtet. Im Parterre das Winston-Café, Treffpunkt der Kultur- und Medienszene.

MERIAN-Tipp

City Mundo

Schinkelkade 47 II (Büro)
1075 VK (West)
Tel. 676 52 70, Fax 676 52 71
www.citymundo.com
amsterdam@citymundo.com
60-80 Zimmer, Apartments, Privatwohnungen und Hausboote im Stadtgebiet. Das Angebot wechselt, verschiedene Preiskategorien. Bei Buchung sind 20 € Vermittlungsgebühr fällig, den Rest bezahlt der Gast direkt beim Vermieter, mit dem manchmal die Küche oder das Badezimmer geteilt werden muss.

Die Vielfalt von Gemüsen aller Kontinente vereinigt sich in Hollands Töpfen und Pfannen

ESSEN&TRINKEN

Kolonialer Mix

Surinamische Restaurants verbinden Karibisches, Indonesisches und Afrikanisches zur World Cuisine

Surinamische Küche ist eine echte holländische und vor allem Amsterdamer Spezialität – schließlich wird die Stadt auch „Klein Paramaribo" genannt. Nirgendwo sonst, außer in der früheren niederländischen Kolonie in Südamerika selbst, bekommt man diese raffinierte „World Cuisine" so variantenreich. Die surinamische Küche kennt karibische, afrikanische, asiatische, lateinamerikanische, libanesische und jüdische Einflüsse ebenso wie chinesische und vor allem javanische: spätes Erbe niederländischer Kolonialvergangenheit, in der nicht nur Indonesien und Surinam von den Holländern beherrscht wurden, sondern auch Javaner nach Surinam auswanderten.
Die 75 000 Amsterdamer, die aus Surinam stammen, essen am liebsten Huhn, etwa als *moksi meti* (Reis mit gebratenem Huhn, Rindfleisch, grünen und schwarzen Bohnen). Stark gewürzt und scharf soll es sein, und so sind auch Currys in der surinamischen Küche stark vertreten. Beliebt sind Eintöpfe aus Fisch und Fleisch mit Gemüse und kräftigen Gewürzen. Zu finden sind auch zahlreiche ungewöhnliche Gemüsesorten, etwa *kouseband* („Strumpfhalter"), die mindestens 40 Zentimeter langen surinamischen Bohnen, die den französischen ähneln. Oder *amsoy,* eine Endivienart, oder *cassave,* eine Süßkartoffel.
Kein surinamischer Koch käme ohne diverse Pfefferschoten aus, die so exotische Namen wie *Madame Janet* (gelb) oder *ajoema* (rot) tragen. Zu den populärsten Gerichten gehört *roti,* Gemüse und Huhn oder Fleisch mit herzhaftem Pfannkuchen, das direkt aus der Hand gegessen wird, und *pom,* eine Kasserole aus Huhn und Gemüse, überdeckt von einem Püree aus Tajerrüben.
Für den Nachtisch werden häufig Kokosnuss und Kokosmilch in allen Varianten verwendet. Vor allem in Vierteln wie De Pijp gibt es zahlreiche *warungs,* surinamische Restaurants für Selbstabholer.

Surinamische Restaurants

1 Albina (C 8), Albert Cuypstraat 69, 1072 CN (Pijp), Tel. 675 51 35, tgl. 11-22 Uhr
Chinesische Gerichte, auf surinamische Art zubereitet.

2 Moksi (C 8), Ferdinand Bolstraat 21, 1072 LB (Pijp), Tel. 676 82 64, Di-Sa 12-22, So 16-22 Uhr
Hier ist *moksi meti* die Spezialität. Ebenso gute vegetarische Gerichte.

Warungs (Speisen zum Mitnehmen)

3 Warung Marlon (C/D 8), 1e Van der Helststraat 55, 1073 AD (Pijp), Tel. 671 15 26, Mi-Mo 11-20 Uhr
Die besten *rotis,* zum Abholen oder dort zu essen.

4 Riaz (B 12), Bilderdijkstraat 193, 1053 KS (West), Tel. 683 64 53, tgl. 11-20 Uhr
Hier wird die surinamische und indonesische Küche noch durch die Schärfe der indischen Küche ergänzt.

4 Warung Swietie (B 12), Ten Katestraat 18, 1053 CE (West), Tel. 683 35 68, tgl. 11-20 Uhr
Am Straßenmarkt Ten Kate. Marktleute essen hier tagsüber eine schnelle Suppe, sehr gute *rotis* und *moksi meti.*

Restaurants

5 Amsterdam
(B 12), Watertorenplein 6
1051 PA (Westerpark)
Tel. 682 26 66, Fax 682 26 65
www.cradam.nl
So-Do 11-22.30, Fr/Sa -23.30 Uhr
Hauptgerichte um 12 €
Großes Restaurant in einem früheren Pumpenhaus. Französische Küche, Gäste trendy.

6 De Blauwe Hollander
(B 6), Leidsekruisstraat 28
1017 RJ (Centrum)
Tel. 623 30 14, tgl. 17-22 Uhr
Hauptgericht um 15 €
Traditionelle holländische Küche. Häusliche Atmosphäre.

7 Blakes
(B 5), Keizersgracht 384
1016 GB (Centrum)
Tel. 530 20 10, Fax 530 20 30
www.slh.com/blakes/
Mo-Fr 12-14, Mo-Sa 18.30-22.30, So Brunch 12-14.30 Uhr
Hauptgericht um 34 € M
Feine Multikulti-Kost im Design-Lokal des Hotel Blakes.

8 Bordewijk
(C 2), Noordermarkt 7
1015 MV (Jordaan)
Tel. 624 38 99
Di-So 18.30-23.30 Uhr
Hauptgericht um 22 € M M
Französische Haute cuisine vom Rochenflügel bis zum Rehbock. Ambiente: Designmöbel-Klassiker der dreißiger Jahre.

9 Christophe
(B 3), Leliegracht 46
1015 DH (Centrum)
Tel. 625 08 07, Fax 638 91 32
www.christophe.nl
Di-Sa 18.30-22.30 Uhr
Hauptgerichte 30 € M M
Gute mediterrane Küche mit nordafrikanischem Einfluss. An einer der schönsten Grachten.

10 Le Garage
(B 8), Ruysdaelstraat 54-56
1071 XE (Museumsviertel)
Tel. 679 71 76, Fax 662 22 49
tgl. 18-23 Uhr
Hauptgerichte 25-45 € M M
Restaurant des Fernsehkochs Joop Braakhekke. Prominententreffpunkt, darunter Autor Harry Mulisch und Euro-Banker Wim Duisenberg. Klassische französische Cuisine.

11 Gouden Reael
(C 1), Zandhoek 14
1013 KT (Westelijke Eilanden)
Tel. 623 38 83
Mo-Fr 12-1, Sa 17-1 Uhr,
Hauptgerichte 12,50-27 €
Französisch inspirierte Küche von Her Jobse – wo Amsterdam am authentischsten ist – auf den Westlichen Inseln.

12 Haesje Claes
(C 5), Spuistraat 273
1012 VR (Centrum)
Tel. 624 99 98, Fax 627 48 17
www.haesjeclaes.nl
Mo-Sa 12-22, So 17-22 Uhr
Hauptgericht um 12 €
In rustikaler altholländischer Atmosphäre wird *Neerlands dis*, original niederländische Küche, serviert: von *hutspot* (Kartoffel-Möhren-Eintopf mit Rindfleisch) bis *IJsselmeer-Paling* (Aal).

12 Kantijl en de Tijger
(C 5), Spuistraat 291-293
1012 VS (Centrum)
Tel. 620 09 94, tgl. 16.30-23 Uhr
Hauptgericht um 20 €
Größtes indonesisches Restaurant Amsterdams mit authentischer Küche.

13 De Kas
(C 12), Kamerlingh Onneslaan 3
1097 DE (Watergraafsmeer)
Tel. 462 45 62, Fax 462 45 63
www.restaurantdekas.nl
Mo-Fr 12-14, 18.30-22, Sa 18.30-22 Uhr
Tagesmenü um 40 €
Restaurant im ehemaligen städtischen Gewächshaus mit Gemüse als Spezialität (zu Fleisch und Fischgerichten). Reservierung notwendig.

14 Le Pecheur
(C 5), Reguliersdwarsstraat 32
1017 BM (Centrum)
Tel. 624 31 21, Fax 624 31 21
Mo-Sa 12-15, 17-23 Uhr
Hauptgericht um 20 € M M
Sehr gutes Fischrestaurant in einem alten Kutschenhaus. Terrasse im Grachtengarten.

15 Pier 10
(D 2), De Ruyterkade, Steiger 10
1011 AA (Centrum)
Tel. 624 82 76, tgl. 18.30-1 Uhr
Hauptgericht um 15 €
Auf einem Hafenpier mit Blick auf den IJ. Internationale Küche zu günstigen Preisen.

16 De Roode Leeuw
(C/D 4), Damrak 93-94
1012 LP (Centrum)
Tel. 555 06 66, Fax 620 47 16
www.hotelamsterdam.nl
tgl. 12-22 Uhr
Hauptgericht um 19 €
Altes holländisches Hotelrestaurant mit einheimischer Kost.

17 Sluizer
(D 6), Utrechtsestraat 43-45
1017 VH (Centrum)
Tel. 626 35 57 o. 622 63 76
Fax 638 08 27
Mo-Do 12-14.30, 17-23, Fr/Sa 17-24 Uhr
Hauptgericht um 20 €
Traditionelle Küche und Fischspezialitäten, Gartenterrasse.

18 Srikandi
(B 6), Stadhouderskade 31
1071 ZD (Museumsviertel)
Tel. 664 04 08, tgl. 17-22 Uhr
Hauptgericht um 20 €
Beim Rijksmuseum in alter Villa. Typisch indonesische Küche ohne Hochseilakte.

Industriedenkmal mit französischer Küche: das Amsterdam

19 Tempo Doeloe
(D 6), Utrechtsestraat 75
1017 VJ (Centrum)
Tel. 625 67 18, Fax 639 23 42
tgl. 18-23.30 Uhr
Hauptgerichte 25-45 € M M
Authentische indonesische Küche von Celebes, scharf aber schmackhaft.

20 Vossius
(B 6), Hobbemastraat 2
1071 ZA (Museumsviertel)
Tel. 577 41 00
Fax 577 41 41
Mo-Sa 12-14, 19-22.30 Uhr
Hauptgericht um 45 € M M
Mit einem Michelin-Stern bedachtes exklusives (Nichtraucher-) Restaurant. Für viele Gäste ist Chef Robert Kranenborg der beste Koch Hollands.

MERIAN-Tipp

21 INEZ IPSC (International Private Society Club)
(C/D 5), Amstel 2
1017 AA (Centrum)
Tel. 639 28 99
tgl. 12-15, 19.00-23.30 Uhr
Hauptgericht um 23 € M M
Postmodernes Ambiente, fantastische Aussicht auf den Muntplein. Internationale Cuisine. Trendy „place to be" mit nur 45 Plätzen. Unbedingt reservieren.

Proeflokaale (Probierstuben)

22 De Drie Fleschjes
(C 4), Gravenstraat 18
1012 NM (Centrum)
Tel. 624 84 43
www.driefleschjes.nl
Mo-Sa 12-20.30, So 15-19 Uhr
1650 eröffnet, Treffpunkt für Männer und Frauen nach Börse und Business.

23 Het Proeflokaal Wynand Fockink
(D 4), Pijlsteg 31
1012 HH (Centrum)
Tel. 639 26 95, Fax 423 41 55
www.wynand-fockink.nl
tgl. 15-21 Uhr
Destillerie hinter alter Backsteinfassade mit vielen kleinen Fenstern. Tipp: *„Half om half"*, Orangenlikör und Magenbitter.

M sehr gut M M herausragend M M M nicht zu übertreffen

Tresen und Tische anstelle von Kassenschaltern: Das Café De Jaren war zuvor eine Bank

Bruin Cafés

Das „Braune Café" ist eine unverwechselbar holländische Einrichtung. Meistens mit dunklem Holz vertäfelt, verräuchert, schummrig – eben „braun" – und gemütlich. Sein Zweck geht weit über den eines Kaffeeausschanks mit Kuchentheke hinaus, das *bruin café* ist fast immer auch *eetcafé,* in dem einfache, preiswerte Speisen serviert werden (▶ s. S. 68).

24 Hoppe
(C 5), Spui 18-20
1012 XA (Centrum)
Tel. 420 44 20
So-Do 8-1, Fr/Sa 8-2 Uhr
Von Kennern „Das Nest der blauen Blazer" genannt, ist Hoppe, 300 Jahre alt, die ewig überquellende Sammelstelle heftig diskutierender Konservativer.

25 Het Papeneiland
(C 2), Prinsengracht 2
1015 DV (Jordaan)
Tel. 624 19 89, tgl. 10-24 Uhr
Besteht seit 1642. Altholländische Kacheln an der Wand, Kamin und Holzverschalung machen den Ort zu einer typischen Jordaan-Kneipe.

26 Schiller Café
(D 6), Rembrandtplein 26
1017 CV (Centrum)
Tel. 624 98 46
tgl. 16-1, Küche 17.30-22 Uhr
Art-déco-Künstlerlokal der zwanziger Jahre, heute Oase der Ruhe in turbulenter Umgebung mit Austern und Champagner.

27 De Sluyswacht
(E 5), Jodenbreestraat 1
1052 DG (Centrum)
Tel. 625 76 11, Fax 330 94 63
www.puzzel.demon.nl/sluyswacht
Mo-Do 11.30-1, Fr/Sa 11.30-3, So 11.30-19 Uhr
Ehemals Domizil des Schleusenwächters, beim Rembrandthaus um die Ecke. 1695 gebaut. Sorgt im Winter, weil sich innen die Balken biegen, für eine schöne, schräge Erfahrung. Sommerterrasse.

28 Thijssen
(C 2), Brouwersgracht 107
1015 GD (Jordaan)
Tel. 623 89 94
www.cafe-thijssen.nl
Mo-Do 8-1, Fr/Sa 8-3, So 9-1 Uhr
Benannt nach dem fortschrittlichen Pädagogen und Schriftsteller Theo Thijssen, dessen Standbild vor der Kneipe auf dem Mittelstreifen der Lindengracht steht. Beliebt bei Studenten und Jordaan-Zuzüglern. Terrasse „with a view". Am Wochenende Tanz auf Bänken und Tischen bis in die Morgenstunden, sonntags spielen Bands.

29 Welling
(A 8), Jan Willem Brouwersstraat 32
1071 LK (Museumsviertel)
Tel. 662 01 55
Mo-Do 16-1, Sa 15-2, So 15-1 Uhr
Versteckt an einer Ecke hinter dem Concertgebouw, lässig eingerichtet mit Plüschsofa und abgeschabten Stühlen. Gemütlicher Treff für Nachbarschaft, Musiker und ihre Fans.

24 De Zwart
(C 5), Spuistraat 334
1012 VX (Centrum)
Tel. 624 65 11
So-Do 11-1, Fr/Sa 11-2 Uhr
Erst gut 80 Jahre alt, gilt als Gegenstück zu Hoppe nebenan und ist für die eher linkslastig schreibende Zunft Metapher, Mittelpunkt und Inspirationsquelle. Gelegentlich kommt Cees Nooteboom.

Grand Cafés

30 1e Klas
(D/E 3), Centraal Station, Bahnsteig 2b
1012 AB (Centrum)
Tel. 625 01 31, tgl. 9-23 Uhr
Jugendstilumranktes Interieur mit hohen Fenstern für einen ersten oder letzten Blick auf die Stadt. Einst Wartesaal der besseren Klassen.

31 Americain
(B 6), Leidseplein 97
1017 PN (Centrum)
Tel. 624 53 22
So-Di 7-23, Mi-Sa 7-24 Uhr
Spiegel, Blumen, Art-déco. Hier gehen angereiste und ansässige Berühmtheiten wie Harry Mulisch ein und aus.

32 De Balie
(B 6), Kleine Gartmanplantsoen 10
1017 RR (Centrum)
Tel. 553 51 30, www.balie.nl
So-Do 11-1, Fr/Sa 11-2 Uhr
Treff politisch-literarisch engagierter Künstler und Intellektueller. Theater, Ausstellungen bei *koffie verkeerd* (Milchkaffee), Bier und Wein.

24 Dante
(C 5), Spuistraat 320
1012 VX (Centrum)
Tel. 638 88 39, Fax 624 62 66
www.dante.nl
So-Do 11-1, Fr/Sa 11-3 Uhr
In der ersten Etage eine Galerie mit wechselnden Ausstellungen moderner Künstler.

33 De Jaren
(D 5), Nieuwe Doelenstraat 20-22
1012 CP (Centrum)
Tel. 625 57 71, Fax 624 08 01
www.cafe-de-jaren.nl
So-Do 10-1, Fr/Sa 10-2 Uhr, Hauptgerichte um 13 €
In einer ehemaligen Bank. Mit Lesetisch, Terrasse an der Binnen-Amstel, Brasserie im ersten Stock.

24 Luxembourg
(C 5), Spui 22, 1012 XA (Centrum)
Tel. 620 62 64, tgl. 10-1 Uhr
Bietet Ausblicke auf die Flaneure und Einblicke in die Amsterdamer Gesellschaft.

▶ Weitere Adressen unter „Sehenswert" ab S. 122

M sehr gut MM herausragend MMM nicht zu übertreffen

Gay Games auf den Grachten: Hunderttausende von Heteros sehen zu und staunen

SZENE

Schwuler Stolz

Homosexualität ist gesellschaftlich akzeptiert

Hunderttausende besuchten 1998 die Gay Games in Amsterdam. Wieder einmal bewies die niederländische Hauptstadt ihre Toleranz gegenüber Schwulen und Lesben. Schon zu Ende des 17. Jahrhunderts tauchten hier erste homosexuelle Subkulturen auf. Dabei galt auch in Holland Homosexualität als sündhaft und wurde bis zur Einführung des Strafgesetzbuchs 1811 verfolgt und – zumindest formell – mit dem Tode bedroht. Später traf sich die Amsterdamer Schwulenszene auf dem Heiligen Weg, der den Beinamen „Rue de Vaseline" erhielt. Mit der deutschen Besetzung der Niederlande 1940 wurde Homosexualität wieder strafbar. Heute erinnert das 1987 eingeweihte Homo-Monument von Karin Daan am Westermarkt an den Naziterror gegen Schwule.

Maßgeblichen Anteil an der gesellschaftlichen Emanzipation der Homosexuellen nach dem Zweiten Weltkrieg hat der **Club für Kontakt und Kommunikation (COC)**, die wichtigste Organisation und Anlaufstelle für Schwule und Lesben in Amsterdam. Hier finden Clubabende, Vorträge und Kolloquien statt, werden Feste gefeiert. Seit 2001 können Homosexuelle in den Niederlanden heiraten und sind heterosexuellen Paaren gleichgestellt.
Die schwule Szene konzentriert sich auf vier Bereiche: die Kerkstraat und die Reguliersdwarsstraat, die Straßen nördlich des Rembrandtplein und die Warmoesstraat. Jährlich am ersten Sonnabend im August wird die Amsterdam Pride Parade gefeiert. Dazu gehört auch die farbenfrohe Canal Parade, bei der sich Lesben und Schwule stolz auf den Grachten präsentieren.

❶ COC (B 4), Rozenstraat 14, 1016 NX (Jordaan)
Tel. 626 30 87, Fax 626 83 00, www.cocamsterdam.nl, info@cocamsterdam.nl, Mo-Fr 10-17, Mi 10-20, Fr/Sa abends

❷ April's Exit
(C 5), Reguliersdwarsstraat 42
1017 BM (Centrum)
Tel. 625 87 88
www.april-exit.com
So-Do 23-4, Fr/Sa 24-5 Uhr
meistens freier Eintritt M
Trendy für junge Gays, auf dem ehemaligen Heuschober kann man tanzen.

❸ Chemistry in Escape
(D 5), Rembrandtplein 11
1017 CT (Centrum)
Tel. 422 25 05, www.chemistry.nl
Do 23-4, Sa 23-6 Uhr
Eintritt je nach Veranstaltung
Amsterdams größte Discothek mit wechselndem Programm.

❹ Club More
(A 4), Rozengracht 133
1016 LV (Jordaan)
Tel. 528 74 59, Fax 528 74 60
www.expectmore.nl
Mi/Fr 23-4, Sa 23-5,
So 16-24 Uhr, Eintritt 7-12 €
Neuester Hotspot. Clubnights, DJ's und Performances.

❺ Dansen bij Jansen
(C 5), Handboogstraat 11
1012 XM (Centrum)
Tel. 620 17 79
www.dansenbijjansen.nl
So-Do 23-4, Fr/Sa 23-5 Uhr
Eintritt 8 €
Seit 25 Jahren Amsterdams größte Studentendisco. Oft zu voll zum Tanzen.

❻ IT
(D 5), Amstelstraat 24
1017 DA (Centrum)
Tel. 625 01 11, Fax 421 69 68
www.it.nl, Do-Sa 23-5 Uhr
Eintritt je nach Veranstaltung
Glamouröse Clubszene. Vom legendären Manfred Langer gegründet, einer Leitfigur der Gayszene. Nach seinem Tod wurde er im rosa Sarg durch die Straßen gefahren.

❼ ITEM
(C 4), N.Z. Voorburgwal 163-165
1012 RK (Centrum)
Tel. 530 73 05, tgl. 22.30-5 Uhr
www.protocol-ams.com
Eintritt 10 €, nach 22 Uhr 12 €
Trance und Hardhouse.

❽ Kremlin im Marcanti Plaza
(B 12), Jan van Galenstraat 6/10

M sehr gut MM herausragend MMM nicht zu übertreffen

1051 KM (West), Tel. 682 34 56
www.kremlin.nl, info@kremlin.nl
Sa 22-5 Uhr
Wechselnde Events. Megadisco mit Emblemen im Stil der Sowjetunion. Bei den Markthallen im Westen.

9 Lellebel
(D 5/6), Utrechtsestraat 4
1017 VN (Centrum)
Tel. 427 51 39, www.lellebel.nl
Mo-Do 21-3, Fr-So 20-4 Uhr
Erste Transvestiten-Bar Amsterdams. Gesprächsthema sind Make-up und Mode.

10 Mazzo
(A 4), Rozengracht 114
1016 NH (Jordaan)
Tel. 626 75 00, Fax 626 33 82
www.mazzo.nl, tgl. 23-4 Uhr M
Kleiner Club mit progressiver Musik. Hier treffen sich Design- und Modestudenten.

11 Melkweg
(B 6), Lijnbaansgracht 234A
1017 PH (Centrum)
Tel. 531 81 81, Fax 531 81 99
www.melkweg.nl
tgl. 21-4 Uhr, Eintritt 7,50-15 €
Membership 2,50 €/Monat, 14 € /Jahr M M
In den Milky Way kamen schon Hippies aus aller Welt, um Jango Edwards zu sehen. Heute tanzen Flower Powers Erben. Vielfältige Veranstaltungen.

12 Ministry
(C 5), Reguliersdwarsstraat 12
1017 BM (Centrum)
Tel. 623 39 81, www.ministry.nl
Mo/Do-Sa 23-4 Uhr
Eintritt 10 €
Alles zwischen House, R&B, Classics und Live Music.

13 Odeon
(C 5), Singel 460
1017 AW (Centrum)
www.odeontheater.nl
Tel. 624 97 11, Eintritt 10 €
Relaxte Szene auf vier Etagen in einem alten Grachtenhaus. Für jeden Geschmack etwas: Lounge, House, Disco, Pop.

14 Paradiso
(B 6), Weteringschans 6-8
1017 SG (Centrum)
Tel. 6 26 45 21, Fax 622 27 21
www.paradiso.nl
paradiso@paradiso.nl
Wechselnde Öffnungszeiten
Eintritt je nach Veranstaltung
Ein Monument des Magic Amsterdam. In der früheren Kirche spielten schon die Rolling Stones, David Bowie oder Public Enemy. Samstags Paradisco.

15 Saarein II
(B 4/5), Elandsstraat 119
1016 RX (Jordaan)
Tel. 623 49 01, tgl. 20-1 Uhr
Einst erste Frauenkneipe Amsterdams und immer noch Anlaufstelle für Lesben, doch auch für Heteros offen.

16 Sinners in Heaven
(D 5), Wagenstraat 3-7
1017 CZ (Centrum)
Tel. 620 13 75, Fax 625 61 16
www.sinners.nl
info@sinners.nl
Do/So 23-4, Fr/Sa 23-5 Uhr
Eintritt 10 € M M
Berühmt für wechselnde Interieurs von kirchlich bis orientalisch. Viele Promis, teuer.

17 Supper Club Lounge
(C 4), Jonge Roelensteeg 21
1012 PL (Centrum)
Tel. 344 64 00, Fax 344 64 05
www.supperclub.nl
So-Do 19-1, Fr/Sa 19-3 Uhr
Trendy Club unter dem Supper Club Restaurant, wo das Fünf-Gänge-Menü – dekadent wie im alten Rom – liegend genossen werden kann.

18 Tonight
(G 6/7), 's Gravesandestraat 51
1092 AA (Oost)
Tel. 850 24 60, Fax 850 24 15
www.hotelarena.nl
tonight@hotelarena.nl
Do-Sa 23-4 Uhr
Eintritt 7,50-12,50 €, wer im Hotel Arena logiert, hat Vorrang M
Stets volle Club-Partys. Musik von House über UK Garage bis Disco und Funk. Im Hotel Arena.

19 Winston International
(D 4), Warmoesstraat 129
1012 JA (Centrum)
Tel. 623 13 80, Fax 639 23 08
www.winston.nl, tgl. 21-3 Uhr
Eintritt ca. 10 € M M M
Vor allem am Wochenende „the place 2 b" für Medien- und Kulturleute. Verschiedene Events. Im Haus des Winston Art Hotel.

Quartier Latin an der Amstel

Aus dem Arbeiterstadtteil De Pijp ist ein buntes Szeneviertel geworden

Kosmopolitisch, tolerant, multikulturell, jung – ein Mikrokosmos auf 1,5 Quadratkilometern, eingefasst von Amstel, Singelgracht, Boerenwetering und Amstelkanal, erreichbar über 16 Brücken: das ist Amsterdams Quartier Latin, genannt De Pijp. Menschen aus 168 Nationen, junge Familien, Studenten, Künstler, Café-Terrassen, Kneipen, Ateliers, kuriose und exotische Läden und Restaurants prägen die Szene. Pulsader des Viertels: der Albert Cuypmarkt, mit 800 Metern längster Straßenmarkt der Niederlande. Hier gibt es Gewürze aus Indonesien, Batikkleidung aus Surinam, Hering aus Holland und am Ende *stroopwafels,* Sirupwaffeln, noch warm auf die Hand.

Mitte des 19. Jahrhunderts begann man, das Polderland mit Windmühlen und Gräben am Südrand der Stadt zu bebauen. Zuerst kam die Brauerei Heineken, dann Diamantenschleifereien, dann entstanden schlichte Arbeiterwohnungen. Vermutlich weckten die lang gestreckten, trostlosen Mietskasernen und schmalen Straßenschluchten die Assoziation mit *pijpen*, Pfeifen oder Schläuchen – der Name war gefunden.

De Pijp entwickelte sich zur Hochburg der Arbeiterbewegung. 1917 nahm sich die „Amsterdamer Schule“, ein Kreis von Architekten um Stadtbaumeister Hendrik Petrus Berlage, des Viertels an und konzipierte neue Sozialwohnungen im „edukativen Baustil“: durch Auswölbungen oder Aushöhlungen verzierte Backsteinfassaden mit Erkern, Türmchen, Toren.

An fast jedem Platz des Viertels eröffneten Bibliotheken und Veranstaltungszentren. Die Bewohner des Viertels vermieteten Zimmer an die Boheme: Piet Mondrian, Ferdinand Bordewijk, Hermann Heijermans wohnten in der Nachbarschaft.

Heute ist De Pijp ein Schmelztiegel der Kulturen: Unter anderem leben hier viele der 75 000 Amsterdamer, die aus der ehemaligen Kolonie Surinam stammen. So gibt es denn auch *tokos* (Geschäfte) und surinamische *warung* (Abhol-) Restaurants. Auch zwei der besten türkischen Restaurants sind in De Pijp: das **Saray** und das kurdische **Locanta Ceren**.

Heute wohnen in De Pijp Autoren wie A. F. Th. van der Heijden und Margriet de Moor. Das urbane Flair, der Sarphatipark, die Frans Halsstraat, das **Rialto**, ein kommunales Filmkunsttheater, das **Ostadetheater**, eine Freie Theaterbühne, **Lucia Marthas**, eine Ausbildungsstätte für Musical- und Showtalente, oder die größte **Theosophische Bibliothek** Europas prägen das Bild des Stadtteils.

Ein unterhaltsamer Abend könnte am Gerard Douplein beginnen, zum Beispiel auf der Terrasse von **'t Paardje**, weiter durch die autofreie Van der Helststraat, wo das **Eufraat** mit assyrischem Essen lockt, zum Sarphatipark und dann weiter zum Van der Helstplein.

Kunst im Kiez: Skulpturen beleben den Gerard Douplein, den Mittelpunkt von De Pijp

Essen und Trinken

❶ Artist Libanon (D 8), 2e Jan Steenstraat 1, 1073 VK Tel. 671 42 64, Di-So 17-22.30 Uhr, Hauptgerichte 7,50-15 €
Seit 27 Jahren wird hier libanesische Küche serviert, zum Beispiel *mese,* ein vegetarisches Allerlei mit *falafel*, Humus und Saucen, aber auch Lammgerichte und *couscous.*

❷ Begena (C 7), 1e Jacob van Campenstraat 41, 1072 BD Tel. 671 34 66, tgl. 17-1 Uhr, Hauptgerichte 7,50-15 €
Wer afrikanisches Essen mit Linsen, Humus und Teigwaren mag, kann hier wörtlich „von der Hand in den Mund“ leben: Besteck nur auf Anfrage.

❸ Cambodja City (C 8), Albert Cuypstraat 58-60,1072 CV Tel. 671 49 30, Di-So 14-22 Uhr, Gerichte um 10 €
Vom kitschigen Interieur sollte man sich nicht abhalten lassen, das „spicy fusion cooking“ Ostasiens auszuprobieren: etwa vietnamesisch zubereitetes Ingwer-Huhn, thailändisches Curry-Huhn oder kambodschanische Meeresgerichte.

❹ Eufraat (C 8), 1e van der Helststraat 72, 1072 NZ Tel. 672 05 79, tgl. 17-22 Uhr, Gerichte um 9 €
Authentisches assyrisches Essen mit selbst gemachten Joghurts und Broten ohne folkloristischen Firlefanz.

❸ Locanta Ceren (C 8), Albert Cuypstraat 40, 1072 CV Tel. 673 35 24, Di-So 17-22.30 Uhr, Gerichte um 9 €
Kurdische Küche mit Lammgerichten und *baklava.*

❺ 't Paardje (C 8), Gerard Douplein 1, 1073 XE Tel. 662 32 61, tgl. 14-1 Uhr, Gerichte um 7 €
Typische Atmosphäre eines Braunen Cafés, Terrasse.

❻ Saray (C 8), Gerard Doustraat 33, 1072 VK Tel. 671 92 16, Di-So 17-23 Uhr, Gerichte um 10 €
Sehr gutes türkisches Essen, *dolmas* und *köfte.*

❶ La Tienda (D 8), 1e Sweelinckstraat 21, 1073 CL Tel. 671 25 19, tgl. 10-18 Uhr, Gerichte um 14 €
Spanischer Delikatessenladen mit Direktimporten. Täglich frische *tortillas* und *patatas.*

❼ De Waaghals (C 7), Frans Halsstraat 29, 1072 BK, www.waaghals.nl, Tel. 679 96 09, Gerichte um 14 €

Eines der ältesten vegetarischen Restaurants. Anthroposophisch anmutende Atmosphäre, Essen fantasievoll und reichhaltig; beliebt bei Studenten.

Kultur

8 De Badcuyp (D 8), 1e Sweelinckstraat 10, 1073 CM Tel. 675 96 69, Fax 670 89 13, www.badcuyp.demon.nl info@badcuyp.demon.nl, Di-Do 17-1, Fr 17-3, Sa 11-3, So 11-1 Uhr
Ehemaliges städtisches Wannenbad. Instandbesetzt und zum Stadtteilkulturzentrum entwickelt mit Bar/Restaurant, Jam-Sessions, Salsakursen und Live-Auftritten.

9 Bazar Dar Essalam (D 8), 1e Jan van der Hoijdonstraat 156, 1072 VD, Tel. 676 76 30, Mo 13-18, Di-So 11-18 Uhr
Keramik, marokkanische Importwaren, Lampen, Stoffe – wie auf dem Basar von Tanger oder Fez.

10 Heineken Experience (C 7), Stadhouderskade 78, 1072 AE, Tel. 523 96 66, Fax 523 97 38, www.heinekenexperience.com, Di-So 10-18, Eintritt 5 €
Das ehemalige Brauhaus von Heineken als Erlebnis-Museum, am Ende gibt es Freibier.

11 Ostadetheater (D 8), Van Ostadestraat 233 d, 1073 TN, Tel. 671 24 17, Fax 662 42 38, www.ostadetheater.nl, ostade@xs4all.nl, 3-4 Vorstellungen pro Woche, Mi und So mittags für Kinder, Eintritt 8 €, Kinder 3,5 €
Theateraufführungen für Erwachsene und Kinder.

12 Rialto (C/D 8), Ceintuurbaan 338, 1072 GN Info u. Reservierung Tel. 676 87 00, www.rialtofilm.nl
Kommunales Filmkunsttheater.

13 Theosophische Bibliothek (E 8), Tolstraat 154, 1074 VM, Tel. 676 56 72, Fax 675 76 57, www.theosophie.nl, info@theosofie.nl, Sa 13.30-17 Uhr
In einem Gebäude aus dem Jahre 1926, früher das Filmkunsttheater Cinetol, heute die größte derartige Bibliothek in Europa.

Sehenswert

14 Anne Frank Huis
(B 3), Prinsengracht 263
1016 GV (Centrum)
Tel. 556 71 00, Fax 620 79 99
www.annefrank.nl
tgl. 9-19, April-Aug. 9-21 Uhr
Eintritt 6,50 €
Im Hinterhaus, nur von einem bewegbaren Bücherschrank geschützt, lebte von 1942 bis 1944 die aus Frankfurt am Main geflohene Familie Frank. Doch die Untergetauchten entkamen ihren Häschern nicht. Sie wurden verraten, entdeckt und deportiert. Anne Frank, ihre Schwester Margot und die Mutter starben in Konzentrationslagern. Nur der Vater überlebte. Zurück in Amsterdam gab er 1947 die Aufzeichnungen seiner Tochter heraus: Das Tagebuch der Anne Frank. Das Hinterhaus wird täglich von rund 2000 Menschen besucht.

15 Begijnhof
(C 5), N.Z. Voorburgwal 373
Eingang: Spui/ Gedempte Begijnensloot
1012 RM (Centrum)
Tel. 623 35 65 (Verwaltung)
Eintritt frei
Durch einen kleinen Durchgang gelangt man in den ältesten Wohnhof der Stadt, einst bewohnt von Beginen, vermögenden Frauen, die sich der christlichen Nächstenliebe widmen wollten, ohne ein Nonnengelübde ablegen zu müssen. Im Innenhof mit kleinen Vorgärten steht – wie andernorts die Dorfkirche auf dem Anger – die Begijnenkerk, ab 1607 Englisch-Presbyterianische Kirche, wo die Pilgerväter ihren Gottesdienst abhielten, bevor sie über Delfshaven und England mit der „Mayflower" nach Amerika reisten. Gegenüber der Eingang einer ehemaligen katholischen Schlupfkirche aus dem 17. Jahrhundert. Oase der Stille.

16 Portugiesisch-Israelitische Synagoge
(E 5), Mr. Visserplein 3
1011 RD (Centrum)
Tel. 624 53 51, Fax 625 46 80
www.esnoga.com
So-Fr 10-16 Uhr
Eintritt 5 €
Eine „Kathedrale auf Jüdisch" nannte Egon Erwin Kisch dieses Bauwerk, das als eines der bedeutendsten Zeugnisse jüdischer Kultur in Europa gilt. In den kleinen Gebäuden um die Synagoge herum befindet sich die weltberühmte Bibliothek Ets Haim („Baum des Lebens", Tel. 428 25 96).

17 Vondelpark
(A/B 6/7), Haupteingang Stadhouderskade gegenüber dem Max Euweplein
Was für die New Yorker der Central Park, das ist für die Amsterdamer der Vondelpark mit Seen, exotischen Bäumen, Freiluftkünstlern und Terrassencafés. Er wurde 1865 von den Brüdern Zocher angelegt und nach dem „Shakespeare der Niederen Lande", dem in Köln geborenen Dichter Joost van den Vondel, benannt. Sein Denkmal steht im Park.

Kinos

18 The Movies
(B 1), Haarlemmerdijk 161
1013 KH (Centrum)
Tel. 638 60 16, Fax 620 67 58
www.themovies.nl, Ticket 7,50 €
Jugendstil-Kino mit Filmkunst-Programm. Im Kino-Restaurant The Wild Kitchen kann man zuvor essen, Mo-Fr Kombi-Tickets Dinner plus Filmbesuch ab 26 €.

19 Tuschinski
(D 5), Reguliersbreestraat 34
1017 CN (Centrum)
Demnächst neue Telefonnummer (Filmauskunft Tel. 0900 14 58)
www.pathe.nl
Von Abraham Tuschinski 1921 gegründet. Japanische Garderoben, maurische Nischen, expressionistischer Zierart, kurz: Tuschinski-Stil. Welturaufführungen niederländischer Spielfilme. Derzeit wird das Theater restauriert.

20 De Uitkijk
(B 6), Prinsengracht 452
1017 KE (Centrum)
Tel. 623 74 60
www.uitkijk.nl
1929 das vierte Filmkunsttheater Europas. In den dreißiger Jahren Uraufführungskino der avantgardistischen

MERIAN-Tour

Zeedijk: Von Kuttel Daddeldu bis zum Fo Kuang Shan-Tempel

Der vor über 700 Jahren aufgeschüttete Zeedijk, der Seedeich, bildete einst den Übergang vom Hafen zum Matrosenviertel. „Kuttel Daddeldu ging an Land, er kannte alle Matrosenviertel, der Zeedijk lag vor der Hand ...“ Wie Seemann Ringelnatz' alter ego ging es vielen Fahrensleuten. Der Zeedijk, das sind Seemannskirche, Logierhäuser und Tavernen wie „In 't Aepjen“, wo man als Bezahlung auch schon ein Äffchen akzeptierte. In diesen Kneipen kann man lachen, spotten, schimpfen, ohne auf den Skipper achten zu müssen. Hier fließt der Genever, hier kommen die leichten Mädchen längsseits. Innerhalb von sechs Wochen wird so die Heuer verprasst. Aber man ist sein eigener Herr, wenn auch nur ein Herr von sechs Wochen. Unter denen, die in Amsterdam vor Anker gingen, waren zahlreiche Seeleute aus Hongkong oder Shanghai, und so mancher von ihnen wurde hier zur Landratte. So entstand Europas älteste asiatische Gemeinschaft, Amsterdams zehntausendköpfiges Chinatown, das auf der Mitte des Zeedijk beginnt: Chinesische Schriftzeichen bestimmen das Straßenbild, Tokos und Tattoos, Chinagroßhandel und China-Restaurants, und dann der Höhepunkt: der buddhistische Tempel Fo Kuang Shan, der größte, in traditionellem Stil gebaute buddhistische Tempel Europas.

China-Läden

Toko Dun Yong Stormsteeg 9
1012 BD, Tel. 622 17 63, Fax 625 65 43,
www.dunyong.com, info@dunyoung. com
Chinesisches Warenhaus über fünf Stockwerke.

China Town Supermarkt Geldersekade 94-96, 1012 BM
Tel. 624 52 29, Fax 622 40 72
Kräuter, Gewürze, Bambus, Kokosmilch – alles für die chinesische Küche.

Ming Ya Geldersekade 105, 1011 EM, Tel. 625 83 30,
www.mingyabooks.com,
info@mingyabooks.com, Mi-Sa 10-18 Uhr
Chinesische und englische Bücher von Akupunktur bis zu Kochbüchern und von Buddhismus bis Kung Fu.

China-Restaurants

Hoi Tin Zeedijk 122-124, 1012 BB
Tel. 625 64 51, tgl. 12-24 Uhr, Gerichte um 10 €
Reichhaltige Menükarte. Dessert: Mondkuchen aus Lotus, Erdnüssen und Eierkuchen.

New King Zeedijk 115-117, 1012 AV, Tel. 625 21 80
tgl. 11.30-23 Uhr, Gerichte um 10 €
Szetschuan-Küche (viel Huhn), Lack-Interieur.

Nam Kee Zeedijk 111, 1012 AV
Tel. 624 34 70, tgl. 11.30-24 Uhr, Gerichte um 10 €
Hier gehen Chinesen essen.

Amsterdamer Filmliga des Dokumentarfilmers Joris Ivens.

Konzert & Theater

21 Concertgebouw
(A 8), Concertgebouwplein 2
1071 LN (Centrum)
Tel. 573 05 73, Fax 573 05 70
Kartentel. 671 83 45
www.concertgebouw.nl
Konzertsaal mit dem Ruf der besten Akustik Europas neben dem Wiener Vereinssaal.

22 Königliches Theater Carré
(E 6), Amstel 115-125
1018 EM (Centrum)
Tel. 524 94 94, Fax 524 94 42
Kartentel. 09 00 252 52 55
www.theatercarre.nl
kassa@theatercarre.nl
Ehemaliger Zirkus. Hier treten die Größen der Kleinkunst auf. Außerdem holländische Inszenierungen von Musical-Hits.

23 Felix Meritis
(B 5), Keizersgracht 324
1016 EZ (Centrum)
Tel. 623 13 11, Fax 624 93 68
www.felix.meritis.nl
Felix Meritis heißt „Glücklich durch Verdienst. Der kluge Kaufmann, der Mercator Sapiens, ging hier wissenschaftlichen und kulturellen Interessen nach. Theateraufführungen, Lesungen, Sommeruniversität.

24 Muziektheater (Stopera)
(D/E 5), Amstel 3
1011 PN (Centrum)
Tel. 551 81 17, Fax 551 80 68
Kartentel. 625 54 55
www.muziektheater.nl
info@het-muziektheater.nl
Das Muziektheater ist heute Sitz des Nationalballetts und der Nederlandse Opera. Unter ihrem künstlerischen Leiter Pierre Audi hat sich die Oper mit avantgardistischen Inszenierungen europaweiten Ruf erworben.

25 Stadsschouwburg
(B 6), Leidseplein 26
1017 PT (Centrum)
Tel. 523 77 10, Fax 620 64 91
Kartentel. 624 23 11
www.stadsschouwburgamsterdam.nl
(Führungen Tel. 523 77 00)
Neorenaissance-Palast mit königlicher Loge – ein Ständetheater. Hier wurde einst Theatergeschichte geschrieben, heute ein Haus ohne festes Ensemble. Im Juni Schauplatz des Holland Festivals.

26 Westergasfabriek
(A 1), Haarlemmerweg 8-10
1014 BE (Westerpark)
Tel. 586 07 10, Fax 681 30 62
www.westergasfabriek.nl
info@westergasfabriek.nl
Ehemalige Gasfabrik, in eine Kulturfabrik umfunktioniert. Mit Kino (Het Ketelhuis), Café-Restaurant und vielen Veranstaltungen von Theater bis Tanz und von Film bis Party.

Museen

27 Amstelkring (Unser Lieber Herrgott auf dem Dachboden)
(D 3), O.Z. Voorburgwal 40
1012 GE (Centrum)
Tel. 624 66 04, Fax 638 18 22
www.museumamstelkring.nl
Mo-Sa 10-17, So 13-17 Uhr
Eintritt 4,50 €

Kleine Oase: der Garten des Stadtpalasts der Willet-Holthuysen

Seemannskneipen

In 't Aepjen Zeedijk 1, 1012 AN
Tel. 626 84 01, So-Do 15-1, Fr/Sa 15-3 Uhr
Nostalgische Seemannskneipe und Probierstube für Genever und Schippersbitter.

Casablanca Zeedijk 26, 1012 AZ
Tel. 625 56 85
www.casablanca-amsterdam.nl,
info@casablanca-amsterdam.nl,
So-Do 20-3, Fr/Sa 20-4 Uhr
Live-Jazz und Karaoke.

De Portugees Zeedijk 28 a+39,1012 AZ
Tel. 427 20 05 oder 620 00 01,
tgl. 16-1, Tapasbar 17-23 Uhr
Restaurant und Tapasbar, Fisch und Cataplana.

De Engel van Amsterdam Zeedijk 21, 1012 AP
Tel. 4 27 63 81, tgl. 15-1 Uhr
Alt-Amsterdamer Atmosphäre.

Tempel

Fo Kuang Shan He Hwa-Tempel Zeedijk 108-112, 1012 AZ, Tel. 420 23 57, frei zugänglich
Sonntags um 10.30 Uhr Sutren, Rezitationen von Buddha-Texten.

Alle Adressen Zeedijk (D/E 3-D 4) unter Punkt 39

Nach dem Übertritt der Stadt zum Calvinismus durften die Katholiken nur noch in nicht öffentlichen Räumen zum Gottesdienst zusammenkommen: die Geburtsstunde der so genannten Schlupf- oder Geheimkirchen. Auf dem Dachboden dieses Kaufmannshauses befindet sich die am besten erhaltene dieser Kirchen, heute das Museum Amstelkring.

28 Van Gogh Museum

(B 7), Paulus Potterstraat 7
1071 CX (Museumsviertel)
Tel. 570 52 00, Fax 673 50 53
www.vangoghmuseum.nl
tgl. 10-18 Uhr, Eintritt 7,03 €
Weltweit die größte Sammlung mit Werken von Vincent van Gogh, darunter die „Aardappeleters" und „Sonnenblumen". Im neuen Erweiterungsbau des japanischen Architekten Kisho Kurokawa Wechselausstellungen.

29 Historisches Museum

(C 4/5), Kalverstraat 92/
N.Z. Voorburgwal 357
1012 RM (Centrum)
Tel. 523 18 22, Fax 620 77 89
www.ahm.nl, info@ahm.nl
Mo-Fr 10-17, Sa/So 11-17 Uhr
Eintritt 6 €
Didaktisch hervorragende Präsentation der Geschichte der Stadt Amsterdam von 1275 bis heute. Wechselausstellungen. Schützengalerie Eintritt frei.

30 Jüdisch-Historisches Museum

(E 5), Jonas Daniël Meijerplein 2-4
1011 RH (Centrum)
Tel. 626 99 45, Fax 624 17 21
www.jhm.nl, info@jhm.nl
tgl. 11-17 Uhr, Eintritt 5 €
In den vier ehemaligen Synagogen der Hochdeutschen Juden wird die Geschichte des Judentums in den Niederlanden dokumentiert, mit einem Schwerpunkt auf Mokum – das zerstörte jüdische Amsterdam.

31 Nederlands Scheepvaartmuseum

(G 4), Kattenburgerplein 1
1018 KK (Centrum)
Tel. 523 22 22, Fax 523 22 13/329
www.scheepvaartmuseum.nl
Di-So 11-17 Uhr, Eintritt 7 €
Zweitgrößtes maritimes Museum in Europa mit Sammlung zur Seefahrtsgeschichte der Niederlande. Höhepunkt: die Replik eines Ostindienfahrers der Vereinigten Ostindischen Compagnie.

32 Nemo Sciene & Technology Museum

(F 3/4), Oosterdok 2
1011 VX (Centrum)
Tel. 09 00 919 11 00 (0,35 € pro Minute), Fax 531 35 35
www.e-NEMO.nl
info@e-NEMO.nl
Di-So 10-17 Uhr, Eintritt 9 €
Interaktives Museum zum Anfassen mit dem Thema Mensch – Technik. Auf dem Gebäude, entworfen von Renzo Piano, große Dachterrasse mit Ausblick auf Alt-Amsterdam.

33 Rembrandt-Haus

(E 5), Jodenbreestraat 4
1011 NK (Centrum)
Tel. 520 04 00, Fax 520 04 01
www.rembrandthuis.nl
Mo-Sa 10-17, So 13-17 Uhr
Eintritt 7 €
Rembrandt hat mitten im Judenviertel gewohnt. Atelier, Malerakademie, Raritätenkabinett, Kunsthandel und Wohnstätte sind so eingerichtet wie zu seinen Lebzeiten. Hier sind Radierungen und Stiche, wie der berühmte 100-Gulden-Druck zu sehen. Seine großen Gemälde befinden sich im Rijksmuseum.

34 Rijksmuseum

(B 7), Stadhouderskade 42
1071 ZD (Museumsviertel)
Tel. 674 70 00, Fax 674 70 01
www.rijksmuseum.nl
tgl. 10-17 Uhr, Eintritt 8 €
Nationale Schatzkammer mit Sammlungen (und wechselnden Ausstellungen) zur Geschichte und Kunstgeschichte. Meister des 17. Jahrhunderts von Rembrandt bis Jan Steen. In der Ehrengalerie Rembrandts „Nachtwache".

35 Stedelijk Museum

(A/B 7), Paulus Potterstraat 13
1071 CX (Museumsviertel)
Tel. 573 29 11, Fax 573 27 89
www.stedelijk.nl
tgl. 11-17 Uhr, Eintritt 5 €
Eines der wichtigsten Museen für zeitgenössische Kunst. In der Sammlung Werke von De Kooning, Roy Lichtenstein und Andy Warhol. Berühmt für seine Werke von Kasimir Malewitsch sowie Arbeiten der Künstler der De Stijl-Gruppe und der COBRA-Künstler.

36 Tropenmuseum

(G 6), Linnaeusstraat 2
1092 CK (Oost)
Tel. 568 82 15, Fax 568 83 31
www.tropenmuseum.nl
tgl. 10-17 Uhr, Eintritt 6,80 €
Ständige Ausstellung zur Kultur und Geschichte der Länder in den Tropen und Subtropen. Mit einem Kindermuseum (Tel. 568 82 33).

37 Willet-Holthuysen

(D 5/6), Herengracht 605
1017 CE (Centrum)
Tel. 523 18 22, Fax 620 77 89
www.ahm.nl, info@ahm.nl
Mo-Fr 10-17, Sa/So 11-17 Uhr
Eintritt 4 €
Palast des Kaufmanns Abraham Willet und seiner Frau Sandrina Louisa Holthuysen mit Grachtenhaus-Interieur aus dem 18. und 19. Jahrhundert.

MERIAN-Tipp

38 Königlicher Palast

(C 4), Dam 1
N.Z. Voorburgwal 147
1012 RJ (Centrum)
Tel. 620 40 60, Fax 623 38 19
www.kon-paleisamsterdam.nl
info@kon-paleisamsterdam.nl
15. Mai-2. Juni 12.30-17 u.
29. Juni-15. Sept. 11-17 Uhr
Eintritt 4,50 €
Nicht immer zugänglich, da vom Haus von Oranien für repräsentative Zwecke genutzt, wie bei der Hochzeit von Thronfolger Willem Alexander und Prinzessin Maxima. Ansonsten bildet das als Rathaus von Amsterdam 1648 von Jacob van Campen entworfene Gebäude ein Gesamtkunstwerk aus Architektur, Bildhauerkunst und Malerei des Goldenen Jahrhunderts. Besonders sehenswert der ehemalige Gerichtssaal und der Bürgersaal sowie der Ratssaal.

Die schweren Klipper, Schoner und Botter taugen weniger zum ehrgeizigen Segelsport als zu entspannten Freizeittörns

Klar zur Wende – ree!

Nostalgisches Segeln auf dem IJsselmeer

Ein Segeltörn übers IJsselmeer ist eine der seltenen Gelegenheiten, noch auf einem traditionellen Segelschiff zu fahren. Eine Reihe von Veranstaltern hat dafür alte Boote von Bottern über Schoner bis zu Klippern, Tjalken und Briggs samt Skipper und Mannschaften unter Vertrag. Angeboten werden Tagesausflüge und mehrtägige Törns, die alle eines gemeinsam haben: Die Passagiere können und sollen mitarbeiten, auch die, die bis dahin noch keinerlei Segelerfahrung hatten. Beim gemeinsamen Frühstück mit dem Skipper werden die Aufgaben an Bord verteilt. Segel, Schwerter, Ruder und Anker werden noch manuell bedient – da wird jede Hand gebraucht. Beim Segelsetzen wagen sich die Mutigsten schon hinauf in die Takelage – und werden mit einem fantastischen Panoramablick belohnt. Dann beginnt der erholsame Teil des Törns. Die Mannschaft erklärt die Grundlagen des Segelns. Denn wenn man „over stag" geht, also wendet, sollten alle „van wanten weten", wissen, wie das Tauwerk funktioniert. Der Skipper gibt das Kommando … und zur Überraschung aller klappt das Manöver problemlos. In wenigen Stunden ist aus einer Hand voll Landratten eine eingespielte Crew geworden. Am späten Nachmittag kommt die alte Zuiderzee-Stadt Hoorn in Sicht. Im Hafen beginnt die Arbeit für die Kombüsengruppe. Holländischer *hutspot* steht auf der Speisekarte, ein Eintopfgericht mit Möhren, Kartoffeln und dem *klapstuk* – einem Stück Rindfleisch. Danach ist Landgang, Stadterkundung. Was heute eine kleine Provinzstadt ist, war zu Zeiten der Vereinigten Ostindischen Compagnie eine gefürchtete Konkurrentin Amsterdams. Ein Sohn der Stadt, Willem Schouten, umsegelte als erster die Südspitze Amerikas und nannte sie Kap Hoorn. Ein anderer, Jan Pieterszoon Coen, gründete 1619 Batavia, das heutige Jakarta. So viel Geschichtsträchtiges macht durstig, und die Hafentaverne ist schnell gefunden. Nach einigen Schipperbitter und dem Spinnen von Seemannsgarn ruft die Koje.

Bruine Vloot Monnickendam Oosteinderweg 77
1687 AB Wognum, Tel. (02 29) 57 23 89, Fax 57 49 25
www.bruinevloot.nl, brnvlt@hotmail.com
Ein- oder mehrtägige Törns auf dem IJsselmeer mit traditionellen Segelschiffen wie Botter, Tjalken, Klipper und Kotter für Gruppen ab etwa 6 Personen (Tagespreis 400 €).

Holland Zeilcharters Het Prooyen 4a
1141 VD Monnickendam, Tel. (02 99) 65 23 51, Fax 65 36 18
www.sailing.nl, hzc@sailing.nl
Große klassische Hagenaars oder Schoner für Gruppen ab 10 Personen. Tagespreis mit Mannschaft: 660-1545 €.

De Zeilvaart Stationsplein 3
1601 EN Enkhuizen, Tel. (02 28) 31 24 24, Fax 31 37 37
www.zeilvaart.nl, zeilvaart@zeilvaart.com
70 große Segelschiffe bis zum Luxus-Dreimaster Radboud für Gruppen ab 10 Personen, ab 1500 €/Woche.

Die Schiffe werden meist an Gruppen vermietet. In der Saison auch Törns für Einzelreisende. Frühzeitig anmelden, mitunter Last-Minute-Chance.

Fahrradverleih

Für etwa 6 € pro Tag können Touristen in der Stadt der Radfahrer selber Räder mieten. Dafür sind Pass und rund 100 € Pfand erforderlich.

❶ Centraal Station
(E 3), Stalling Oostzijde (neben dem Hauptbahnhof rechts)
Tel. 624 83 91, Fax 624 74 00
(bis 10.30 Uhr reservieren)

❷ Bike City
(B 3), Bloemgracht 70
1015 TL (Jordaan)
Tel. 626 37 21, Fax 422 33 26
www.bikecity.nl, tgl. 9-18 Uhr

❸ Macbike
(E 5), Mr. Visserplein 2
1011 RD (Centrum)
Tel. 620 09 85, Fax 422 25 79
www.macbike.nl
tgl. 9-17.45 Uhr

Schlittschuhlaufen/ Skaten

Alle paar Jahre im Winter frieren Amstel, Kanäle und Grachten zu. Bereits auf den Wintergemälden des 17. Jahrhunderts zeigt Hendrick van Avercamp, was einen dann erwartet: Jung und Alt, Arm und Reich vergnügen sich auf dem Eis, Schlittschuhläufer ziehen ihre Kinder auf Schlitten übers Eis. Auch wenn Amsterdams Grachten nicht zugefroren sind, wird – etwa auf der **Jaap Eden Baan**, einer Kunsteisbahn – Schlittschuh gelaufen. Und im Sommer sind Inline-Skates die angesagte Alternative.

❹ Jaap Eden Baan
(C 12), Radioweg 64
1098 NJ (Oost)
Tel. 694 96 52, Fax 663 17 65
www.jaapeden.nl
Geöffnet Sept.-März
Freiluftbahn:
Mo-Fr 8.30-16, Mo/Di/Do/Fr 21-23, Sa 14-16, So 11-16 Uhr
Halle: Mo-Fr 14-16, Fr 20-23, Sa 14-16, So 10-16 Uhr
Eintritt: 3,56 €
Schlittschuhmiete 5 €

❺ Balance In-line Skating
(A 6), Overtoom 464-466
1054 JX (West)
Tel. 489 47 23, Fax 489 84 72
So-Fr 11-18, Sa 11-17 Uhr
Skatemiete 8 €/Tag, 50 € Pfand
Der preiswerteste Laden zum Ausleihen von Skates.

❻ Body Desk Fit-Center
(A 7), Alexander Boersstraat 60
1071 KZ (Museumsviertel)
Tel. 670 23 23, Fax 670 11 55
www.bodydesk.nl
info@bodydesk.nl
Mo-Fr 9-12, 17-22,
Sa/So 10-14 Uhr
Privatstunde 40 €,
Skatemiete 7 €
Fitness-Center im ehemaligen Stadtbauernhof am Rande des Vondelparks. Neben Aerobics, Sonnenbank, Massage und Physiotherapie auch Skateunterricht.

Friday Night Skate
Im Sommer versammeln sich jeden Freitag um 20 Uhr die Inline-Skater zur großen Tour (16,5 km) durch das Zentrum der Stadt. Treffpunkt Café Vertigo beim Filmmuseum im Vondelpark.

Eisvergnügen wie vor 400 Jahren auf der Keizersgracht

Pflanzenmarkt auf den schwimmenden Pontons am Singel: nicht nur Tulpen aus Amsterdam, sondern alles, was die Treibhäuser hergeben

■ SHOPPING

An jeder Gracht ein Markt

Mehr als zwei Dutzend Marktplätze prägen das Bild der Stadt

Als Amsterdam vor fast 700 Jahren die Stadtrechte erhielt, bekam es außer einer Festungsanlage auch einen Markt. Der über die Amstel angelegte Damm wurde zum „Maerktveld aller Waren", wo „Mohr mit Normann Handel treiben", wie Barockdichter Joost van den Vondel schreibt. Hier wurden Fluss- und Seefische verkauft.
Bald gab es, auf Anordnung des Magistrats, für jedes Produkt einen Markt. So wurden die Kälber durch die Kalverstraat, heute eine Haupteinkaufsstraße, zum Ochsenmarkt getrieben. Dahinter befand sich der Buttermarkt (heute Rembrandtsplein) und gleich daneben der Erbsenmarkt. Es gab Märkte für Torf, Baumaterialien, Heu, Stroh und Hanf, für Textilien, Getreide, Blumen und Pflanzen. Auf den Jahrmärkten vor christlichen Feiertagen wurden Bücher, Bilder und Kupferstiche feilgeboten, und hier auch zogen die ersten Kirmes-Attraktionen Zuschauer in ihren Bann. Viele große Meister haben Marktszenen in Gemälden und Stichen dokumentiert, und in Gerbrand Brederos „Moortje", einem der ältesten Theaterstücke (1615), bilden Amsterdamer Märkte die Kulisse.

Als der halbmondförmige Grachtengürtel angelegt wurde, achtete man darauf, dass jede Hauptgracht einen Marktplatz erhielt: die Herengracht den Herenmarkt, die Keizersgracht den Keizersmarkt (jetzt Westermarkt) und die Prinsengracht den Prinsenmarkt (jetzt Noordermarkt). Heute bieten 13 Tagesmärkte das bunte Bild lebhaften Handels an Ständen und unter Markisen, außerdem drei Wochenmärkte sowie Saison- und Jahrmärkte.
Einmal im Jahr ist die ganze Stadt ein einziger Marktplatz: am 30. April, dem Geburtstag der Königin. Dann stehen die Holländer auf der Straße und verkaufen ihren alten Plunder vom Dachboden, selbst gemachte Snacks und Getränke wie Oranjebitter, einen beliebten Likör. Eine Million Besucher lassen sich dieses größte Marktfest nicht entgehen.

Auf dem Noordermarkt: manchmal noch Raritäten vom Speicher

Märkte

❶ Albert Cuypmarkt
(C/D 8), Albert Cuypstraat 1072 (Pijp), Mo-Sa 9-17 Uhr
Der multikulturelle, 800 Meter lange Straßenmarkt ist der größte Markt des Landes. Obst, Gemüse, Blumen, Fisch, Textilien, CDs, Restposten und vieles mehr.

❷ Dappermarkt
(C 12), Dapperstraat 1093 (Oost/Dapperbuurt) Mo-Sa 9-17 Uhr
Gemüse, Obst, Fisch, aber auch Billigjeans und Lingerie, arabische und surinamische Musik, Stoffe und Küchenutensilien: kunterbunte Vielfalt für eine gemischte Kundschaft. Ähnlich wie der Albert Cuypmarkt, aber kleiner, volkstümlicher und lokaler. Ursprünglich auf die Arbeiterstadtteile des 19. Jahrhunderts ausgerichtet.

❸ Ten Katemarkt
(B 12), Ten Katestraat 1053 (West/Kinkerbuurt) Mo-Sa 9-17 Uhr
Angebote wie auf dem Dappermarkt.

❹ Lindengrachtmarkt
(B 2), Lindengracht 1015 (Jordaan), Sa 9-17 Uhr
Hier kaufen die Jordaanezen, Innenstadtbewohner und Yuppies fürs Wochenende ein. Das Angebot ist vielfältig und kaum weniger reichhaltig als auf dem Albert Cuypmarkt.

Spezialmärkte

❺ De Looier
(A 5), Looiersgracht/ Lijnbaansgracht 1016 (Jordaan), tgl. 11-18 Uhr
Bücher und Antikes. Die Innenhöfe des Karrees bilden einen großen überdachten Markt für die Kleinhändler.

❻ Noordermarkt
(C 2), Noordermarkt 1015 (Jordaan), Mo 9-14 Uhr
Flohmarkt und Bücher.

❼ Nieuwmarkt
(D/E 4), Nieuwmarkt 1012 (Centrum) Mi-Fr 10-16 Uhr
Schmökerparadies. Von Comics bis zur niederländischen Belletristik, von Agatha Christie bis van de Wetering.

❽ Oudemanhuispoort-Buchmarkt
(D 5), Oudemanhuispoort 1012 (Centrum) Mo-Sa 9-17 Uhr
Überdachter Büchermarkt in einem mittelalterlich anmutenden Durchgang zur Juristischen Fakultät der Universität. Bücher in allen modernen Sprachen und Stiche von Alt-Amsterdam.

❾ Spui Büchermarkt
(C 5), Spui, 1012 (Centrum) Fr 10-16 Uhr
Wöchentlicher Büchermarkt neben der Universität. Die Händler häufig kleiner Antiquariate verkaufen internationale Literatur sowie deutsche und englische Übersetzungen von Autoren wie Harry Mulisch und Cees Nooteboom. Fundgrube.

❿ Blumenmarkt
(C 5), Singel, 1017 (Centrum) tgl. 9-18 Uhr
Der schwimmende Blumenmarkt auf dem Singel ist eine Touristenattraktion. Trotzdem werden noch zivile Preise verlangt. Man kann z. B. auch Pflanzgut bestellen, und im Herbst wird die Ware zugeschickt – als spätes Souvenir.

⓫ Postzegelmarkt
(C 4), N.Z. Voorburgwal 1012 (Centrum) Mi/Sa 10-16 Uhr
Kein offizieller Markt, aber es ist Tradition, dass hier zweimal wöchentlich Briefmarkenhändler und Privatsammler ihre Stände aufbauen.

⓬ Flohmarkt Waterlooplein
(E 5), Waterlooplein 1011 (Centrum) Mo-Sa 9-16 Uhr
Der rasende Reporter Egon Erwin Kisch hat diesen Flohmarkt beschrieben, der vor dem Zweiten Weltkrieg der Mittelpunkt des jüdischen Lebens war. Mokum, das jüdische Amsterdam wurde vernichtet, und der Markt lässt nur noch ahnen, wie es hier früher zuging.

Magna Plaza: Designermode aus der alten Post

Warenhäuser und Shopping-Center

⓭ De Bijenkorf
(D 4), Dam 1, 1012 JS (Centrum) Tel. 621 80 80, Fax 620 99 49 www.bijenkorf.nl Mo 11-18, Di/Mi/Sa 9.30-18, Do/Fr 9.30-21, So 12-18 Uhr
Seit 1914 das größte Kaufhaus des Landes.

⓮ Magna Plaza
(C 4), N.Z. Voorburgwal 182 1012 SJ (Centrum) Tel. 626 91 99, Fax 626 47 03 www.magnaplaza.nl Mo-Sa 10-19, So 12-21 Uhr
In der ehemaligen Hauptpost, hinter dem Königlichen Palast auf dem Dam: 40 Läden und zwei Restaurants über vier Stockwerke verteilt.

⓯ Maison de Bonneterie
(C 5), Rokin 140-2 1012 LE (Centrum) Tel. 531 34 00, Fax 620 61 39 www.debonneterie.nl Mo 13-18, Di/Mi/Fr/Sa 10-18, Do 10-21, So 12-18 Uhr
1889 von Joseph Cohen und Rosa Wittgenstein gegründetes konservatives jüdisches Traditionshaus mit dem Titel „Hoflieferant". Nostalgische Atmosphäre. Im Restaurant traditionelle jüdische Küche.

⓰ Metz & Co
(B/C 5), Leidsestraat 34 1017 PB (Centrum) Tel. 520 70 20, Fax 624 38 28 Mo 11-18, Di-Sa 9.30-18, So 12-17 Uhr
In den zwanziger und dreißiger Jahren wurden hier die Möbel und Designs von Bart van der Leck und Gerrit Rietveld, Künstler der De Stijl-Gruppe, verkauft. Auf dem Dach befindet sich in der von Rietveld 1933 entworfenen Kuppel ein Restaurant mit fantastischer Aussicht auf den Grachtengürtel. Im Angebot: Design, Glas, Keramik.

Antiquarisches

⓱ Die Schmiede
(C/D 2/3), Brouwersgracht 4 1013 GW (Jordaan) Tel. 625 05 01, Fax 623 54 70 www.xs4all.nl/~schmiede schmiede@xs4all.nl Mo-Fr 10-17, Sa 12-17 Uhr
Deutsche Literatur antiquarisch, spezialisiert auf Erstdrucke, illustrierte Bücher und Literatur zur Buchgeschichte.

Delfter Blau

⓲ Holland Gallery De Munt
(C 5), Muntplein 12 1012 WR (Centrum) Tel. 623 22 71, Fax 638 42 15 Mo-Sa 10-18 Uhr
Delfter Blau und Keramik im Laden unter dem Münzturm gegenüber dem Blumenmarkt.

⓳ Rinascimento
(B 3/4), Prinsengracht 170 1016 HA (Centrum)

Tel. 622 75 09, Fax 623 34 31
www.delft-art-gallery.com
info@delft-art-gallery.com
Altes und neues Delfter Blau in einem schönen Laden gegenüber von Westerkerk und Anne-Frank-Haus.

Diamanten

20 Coster Diamonds
(B 7), Paulus Potterstraat 2-6
1071 CZ (Museumsviertel)
Tel. 305 55 55, Fax 305 55 56
www.costerdiamonds.com
tgl. 9-17 Uhr
Zwischen Rijksmuseum und Van-Gogh-Museum. Präsentationen und Führungen gratis.

21 Gassan Diamonds
(E 5), Nieuwe Uilenburgerstraat 173-5
1011 LN (Centrum)
Tel. 622 53 33
www.gassandiamonds.com
tgl. 9-17 Uhr
Die größte Diamantenschleiferei der Stadt. Kostenlose Führung. Auch ein Delfts Blue Shop auf dem Fabrikgelände unweit des Rembrandthauses.

22 Van Moppes Diamonds
(C 8), Albert Cuypstraat 2-6
1072 CT (Pijp)
Tel. 676 12 42, Fax 679 04 77
www.moppesdiamonds.com
tgl. 8.45-17.45 Uhr
Mitten in De Pijp gelegene Diamantenschleiferei. Führung und Demonstration des Schleifprozesses kostenlos.

MERIAN-Tipp

32 Hajenius
Seit 1915 eines der renommiertesten europäischen Zigarrenhäuser mit monumentalem Interieur. In der Klimakammer liegen Köstlichkeiten aus der Karibik und Südamerika. Daneben die Schließfächer einiger Stammkunden des Hauses: von Politikern und Prominenten bis zu Prinz Bernhard. Die Heerenkamer kann für Sitzungen gemietet werden. Umfangreiche Fachbibliothek.
(C 5), Rokin 92-96
1012 KZ (Centrum)
Tel. 623 74 94, Fax 638 72 21
www.hajenius.com
info@hajenius.com
Mo 12-18, Di/Mi 9.30-18, Do 9.30-21, Fr/Sa 9.30-18, So 12-17 Uhr

Holzschuhe

23 Woodenshoe Factory
(E 4), Sint Antoniesbreestraat 39
1011 HB (Centrum)
Tel. 427 38 62
Fax 623 06 32
www.woodenshoefactory.nl
info@woodenshoefactory.nl
tgl. 10-17 Uhr
Demonstration der Holzschuhfabrikation und Verkauf von „Klompen“ (Paar ab 13 €).

Interieur Design

24 Pakhuis Amsterdam
(C 12), Oostelijke Handelskade 17
1019 BL (Oostelijk Havengebied)
Tel. 421 10 33, Fax 627 51 58
www.pakhuisamsterdam.nl
info@pakhuisamsterdam.nl
Mo-Sa 10-17 Uhr
Ein gigantischer Showroom für Design und Interieur auf fünf Stockwerken in einem 100-jährigen Lagerhaus im Osthafen. Hier werden die Produkte von 36 Fabrikanten und Importeuren internationaler Spitzen-Marken präsentiert, aber nicht verkauft.

25 Bebob Design Interior
(D 6), Prinsengracht 764
1017 LE (Centrum)
Tel. 624 57 63, Fax 623 40 38
www.bebob.nl, info@bebob.nl
Di-Fr 11-18, Sa 11-17 Uhr
In einem alten Speicher werden Design-Klassiker und Sammlerstücke wie Gispenmöbel und Rietveldstühle sowie Möbel von Herman Miller und Fritz Hansen verkauft.

Käse

26 Wegewijs
(B 4), Rozengracht 32
1016 NC (Jordaan)
www.wegewijs.nl, Tel. 624 40 93
Mo-Fr 8.30-18, Sa 8.30-17 Uhr
Hundertjähriger Familienbetrieb mit mehr als 50 ausländischen und rund 100 inländischen Käsesorten.

Mode

27 Clubwearhouse
(C 4), Spuistraat 242
1012 VV (Centrum)
Tel. 622 87 66, Fax 421 26 64
www.clubwearhouse.nl
Designermode und Vorverkauf für die Clubnight-Szene.

28 Housewives on Fire
(C 3), Spuistraat 102
1012 VA (Centrum)
Tel. 422 10 67
Mo 12-19, Di-Sa 10-19 Uhr
Trendy Designermode in Kombination mit einem ebenso trendy Hairdressingshop für Frauen und Männer.

29 Razzmatazz
(B 5), Wolvenstraat 19
1016 EN (Centrum)
Tel. 420 04 83
Fax 427 62 47
www.razzmatazz.nl
Mo/Di/Mi/Fr/Sa 12-18, Do 12-21, So 12-17 Uhr
Mode für Damen und Herren, nicht billig, aber exquisit.

Spezialitäten

30 Smokiana
(B 6), Prinsengracht 488
1017 KH (Centrum)
Tel. 421 17 79
www.pijpenkabinet.nl
info@pijpenkabinet.nl
Mi-Sa 12-18 Uhr
Über 2000 Pfeifen und dazugehörige Accessoires. Kollektion von antiken Raucher-Utensilien.

31 Jacob Hooij & Co
(D 4), Kloveniersburgwal 10-12
1012 CT (Centrum)
Tel. 624 30 41
Mo 10-18, Di-Fr 8.15-18, Sa 8.15-17 Uhr
Seit 1743 betreibt die Familie Oldenboom (jetzt in der fünften Generation) diesen original eingerichteten Kräuter- und Gewürzladen.

▶ Weitere Shopping-Adressen siehe ab Seite 44

Mit mehr 300 Zigarrenmarken ist Hajenius Wallfahrtsort für Zigarren-Aficionados

MERIAN-Stadtplan
AMSTERDAM
Über Nacht
Essen & Trinken
Szene
Museum
Theater
Markt
Kirche
Sehenswert
Aktiv
Shopping
Metrohaltestelle
Tram- und Bushaltestelle
Parkmöglichkeit
Fußgängerzone
© MERIAN-Kartographie
Het IJ
IJhaven
Westerdock
Oosterdok
Dijksgracht
Damrak
Centrum
Jordaan
Westerpark
Westergas-fabriek
Stadtführer (Guidor)
Centraal Station
Stations-plein
St. Nicolaaskerk
Schreierstoren
Passagiers Terminal
Nemo Science & Technology Museum (New Metropolis Mus.)
Marine Etablissement
Nederlands Scheepvaart-museum
Oosterkerk
Noorderkerk
Westerkerk
Anne Frank Huis
Theatermuseum
West-indisch Huis
Ronde Lutherse Kerk
Melkmeisjes-brugje
Yellow Bike Guided Tour
Koopmans-Beurs
Amstelkring
Oude Kerk
Walletjes
Nieuwe Kerk
Koninklijk Paleis
Dam
De Waag
Nieuwmarkt
Montelbaans-toren
Bimhuis
Koninkl. Asscher Diamant Maat.
Oost-indisch Huis
Zuider-kerk
Rembrandt-Haus
Mozes en Aäronkerk
Rathaus/ Muziektheater
Agnieten-Kapelle
Allard-Pierson-Museum
Historisch Museum
Begijn-hof
Bijbels Museum
Felix Meritis
The Movies
Haarlemmer-plein
Marnix-plein
De Ruijterkade
Piet Heinkade
Prins Hendrikkade
Droogbak
Houttuinen
Haarlemmer
Haarlemmerdijk
Haarlemmerstraat
Nassaukade
Rozengracht
Raadhuisstraat
Singelgracht
Brouwersgracht
Prinsengracht
Keizers-gracht
Heren-gracht
Singel
Spuistraat
Voorburgwal
Rokin
Kalverstraat
Nieuwezijds
Valkenburgerstraat
Kattenburgerstraat
Westerdoks-dijk
Realengracht
Noordhollandsch Kanaal
Westerstraat
Lindengracht
Palmgracht
Jacob Catskade
Kattensloot
Kostverlorenvaart
Uilenburgergracht
Oude Schans
Nieuwe Herengracht
Nieuwe Vaart

Am Koninginnedag 1970 auf dem Damrak: Provos demonstrieren gegen Autoritäten und Establishment

INFO:GESCHICHTE

Vom Fischernest zum Börsenplatz

700 Jahre Blüte, Verfall und Wiederaufstieg

Durch ein Zollprivileg entwickelt sich der etwa **1275** entstandene kleine Hafen an der Amstelmündung zum Handelsort. **Um 1300** erhält Amstelledamme das Stadtrecht. Heringsfang und Frachtverkehr mit Hamburg weiten sich bald zum Handel zwischen der Ostseeküste und Flandern aus. In Konkurrenz zur Hanse verschiffen Amsterdamer Kaufleute Agrarprodukte, Holz und Teer aus den baltischen Ländern und Skandinavien. Vor allem durch Einfuhr und Verkauf von Getreide wird Amsterdam im **15. Jahrhundert** wohlhabend und zum Wirtschaftszentrum Hollands. Auf dem ersten Stadtplan von **1544** nennt der Kartograph Cornelis Anthoniszoon Amsterdam die „vermaerde koopstad" – die berühmte Kaufmannsstadt, die jetzt auch lebhafte Handelsbeziehungen mit Frankreich und Spanien hat. Der Aufstand der Wiedertäufer **1535** und der Bildersturm **1566** sind der Auftakt zum Unabhängigkeitskrieg **(1568-1648)** der Holländer unter dem Protestanten Willem van Oranje gegen die Herrschaft der spanischen Habsburger und die katholische Kirche. Als letzte holländische Stadt schließt sich auch Amsterdam den Aufständischen an. **1578** übernehmen die Calvinisten die Macht. Die spanischen Truppen ziehen sich in die südlichen Niederlande (heute Belgien) zurück. Flämische Kaufleute, Wissenschaftler und freiheitsliebende Geister fliehen von dort nach Amsterdam. Im **17. Jahrhundert**, dem Goldenen Zeitalter (auch Goldenes Jahrhundert), wird Amsterdam zur bedeutendsten Handelsmetropole der Welt und erlebt eine geistige und kulturelle Blüte. Die **1602** gegründete Vereinigte Ostindische Compagnie (VOC, s. S. 100), die weltweit erste Aktiengesellschaft, hat das Handelsmonopol für alle Gebiete östlich des Kaps der Guten Hoffnung. Mit der ersten Börse und einer Wechselbank wird Amsterdam zum Finanzzentrum Nummer eins. Ab **1612** wird rund um die Altstadt der halbmondförmige Grachtenring angelegt. Durch Radialgrachten entstehen etwa 90 Inseln; sie sind durch mehr als 500 Brücken verbunden. Zwischen **1622** und dem **Ende des 17. Jahrhunderts** verdoppelt sich die Einwohnerzahl von 100 000 auf 200 000. Im späten **17.** und frühen **18. Jahrhundert** müssen die Niederlande in drei Kriegen mit England und vier mit Frankreich ihre Seemachtstellung verteidigen, wirtschaftlicher Niedergang und kulturelle Stagnation sind die Folge. Unter französischer Besatzung entsteht **1795** die Batavische Republik, **1806** unter Napoleons Bruder Louis das Königreich Holland. Nach dem Wiener Kongress **1815** wird das Königreich der Niederlande gegründet. **1830** erhält der südliche Teil als Königreich Belgien Souveränität. Amsterdam wird Hauptstadt und bekommt **1824** mit dem Nordholland-Kanal und **1876** mit dem Nordseekanal einen Anschluss ans Meer. Im **Ersten Weltkrieg** bleiben die Niederlande neutral, im **Zweiten Weltkrieg** wird das Land **1940** nach fünftägiger Verteidigung von deutschen Truppen besetzt. Im „Februarstreik" versuchen **1941** die Amsterdamer vergeblich, die Deportation der jüdischen Bevölkerung zu verhindern. Mokum, das „Jerusalem des Westens", wird ausgelöscht. **1964** entsteht mit den anarchistischen Provos eine jugendliche Protestbewegung gegen bürgerliche Werte. Ihre Nachfolger, die „Kabouters" wollen Amsterdam autofrei machen. Sie erringen **1970** fünf Sitze im Gemeinderat. **1975** 700-Jahr-Feier Amsterdams. **1979** suchen 60 000 Menschen Wohnungen, leer stehende werden von „Kraakers" besetzt. **1980** Blutige Krawalle wegen der akuten Wohnungsnot während der Krönung von Königin Beatrix. **1992** Absturz eines Frachtflugzeugs über Bijlmermeer mit – offiziell – 47 Toten. **2000** Das Rijksmuseum feiert 200-jähriges Jubiläum.

Reiseplanung

Niederländisches Büro für Tourismus Offizielle deutsche Tourismusseite der Niederlande mit aktuellem Reisewetter, Event-Tipps und Städteinfos **www.niederlande.de**

Stadtplan Interaktive Karte für Sehenswürdigkeiten, Hotels, Cafés per Mausklick **www.worldexecutive.com/cityguides/amsterdam/maps.html**

Sprache Die Startseite für alle, die sich mit Niederländisch beschäftigen, Links auf Sprachkurse **http://taal.pagina.nl**

Hotel Vondel Die Herberge für die Sieger des MERIAN-Gewinnspiels (s. **www.merian.de**) **www.bookings.nl/hotels/vondel**

Wetter Vorhersage für die nächsten vier Tage **http://de.weather.yahoo.com/europa/Niederlande**

Arti & Tulipani Individuelle Stadtführungen, thematische und historische Touren mit Reinhold Bertlein **www.artitulipani.com**

Verkehrsmittel

KLM Royal Dutch Airlines Von zehn deutschen Flughäfen fliegt die niederländische Fluglinie zwischen drei- und fünfmal täglich nach Amsterdam-Schiphol **www.klm.de**

Schiphol Mehr als aktuelle Start- und Landezeiten: der Flughafen als personalisiertes Servicecenter mit Online-Shopping **www.schiphol.nl**

Eisenbahn Nederlandse Spoorwegen mit Fahrplänen, Preisen und Verbindungen vom Flughafen in die Stadt **www.ns.nl**

Routenplaner Wie lange dauert die Anreise per PKW? **www.shellgeostar.com**

Park & Ride Umsteigen auf öffentliche Verkehrsmittel, aber wo in A'dam das Auto abstellen? **www.toamsterdam.nl**

Nahverkehr Metro, Bahnen und Busse **www.gvb.nl**

Fahrradverleih Das für die Stadt typische Fortbewegungsmittel. Online-Reservierung von Rädern bei Bikecity im Jordaan-Viertel **www.bikecity.nl**

Info-Portale

Amsterdam.nl Das offizielle Internet-Portal für Amsterdamer und Besucher, auch in Englisch **www.amsterdam.nl**

Shark Übersichtlicher Veranstaltungskalender, der sich nach Tagen, Themen und Orten sortieren lässt **www.underwateramsterdam.com**

Hotspots Mit einem Klick Infos zu den Rubriken eat, drink, music, gay, smoke, sleep **www.amsterdamhotspots.nl**

Restaurants Speisekarten auf dem Bildschirm: Lokalsuche per Mausklick von afrikanischer bis vietnamesischer Küche **www.dinnersite.nl**

Virtuelle Reisen

Ajax Die offizielle Web-Adresse des legendären Fußballclubs mit Kartenvorverkauf, Statistiken und den wichtigsten Szenen der letzten Spiele als Videoclip **www.ajax.nl**

Amsterdam Heritage Kleine Giebelkunde, historische Gebäude und interaktive Stadtgeschichte **www.bmz.amsterdam.nl**

Museen Der Online-Guide zu 32 Häusern: vom Allard Pierson Museum bis Willet-Holthuysen Museum **www.amsterdammuseums.nl**

Königshaus Königin Beatrix und Familie, politische Funktionen, die Paläste und Schlösser **www.koninklijkhuis.nl/DU/monarchie/monarchie.html**

Kinder Das Programm für junge Amsterdam-Besucher: Theater, Zirkus, Museen **www.uitlijn4kids.nl**

Fiets heißt Fahrrad auf Niederländisch. Mehr über das Mekka der Fahrradfahrer inklusive Routenvorschlägen **www.fiets.amsterdam.nl**

Internet-Café 400 Rechner im rund um die Uhr geöffneten Café „easyEverything" in der Reguliersbreestraat 22 beim Rembrandt-Platz

Live-Bilder

Vondelpark Per Webcam Blick ins Grüne **www.amsterdamlive.nl/vondel/cam.htm**

Dam Amsterdams zentraler Platz: Straßenbahnen, Autos und Fahrräder in Bewegung **www.damsite.nl**

▶ Sämtliche Links direkt zum Anklicken unter **www.merian.de/magazin**

Informationen zu Amsterdam und 5000 weiteren Reisezielen unter www.merian.de

Zwischen Orient und Okzident: Über dem Goldenen Horn ruft der Muezzin fünfmal täglich zum Gebet

Hochgenuss: heißer Tee und türkische Küche

Im Szeneviertel Beyoglu tanzt die Jugend auf den Tischen

- Im Großen Basar: Expedition ins Reich der Sinne
- Kemal Atatürk: Das Vermächtnis des Erneuerers
- Eyüp: Wo Istanbul sich gen Mekka verneigt
- Orhan Pamuk: Gespräch mit dem bekanntesten Schriftsteller der Türkei
- Prinzeninseln: Sommerfrische im Marmarameer
- MERIAN Service-Magazin: Adressen, Reiseinformationen, Internet
- Mit großer MERIAN-Karte

Es folgen: Loire, Budapest, Golf von Neapel

Zuletzt erschienen:

April 2002

März 2002

Februar 2002

Januar 2002

Dezember 2001

November 2001